# tartes
# & salades

# tartes & salades

## Aude de Galard & Leslie Gogois

**Photographies,** Éric Fénot
**Stylisme,** Delphine Brunet

Avec la collaboration de Gaz de France

HACHETTE
*Pratique*

# sommaire

- 10 Tartes salées
- 48 Salades salées
- 76 Tartes sucrées
- 98 Salades sucrées
- 112 Je veux la technique !
- 118 À garder sous le coude

# je veux la recette !

Quiche saumon-épinards / Ajoutez les copeaux de parmesan / Version light / La botte secrète d'Aude et Leslie / épluchez et coupez les poires en fines lamelles / Salade de girolles, cèpes et serrano / POUR LES COPAINS QUI DÉBARQUENT À L'IMPROVISTE / ½ botte de menthe / Pour varier / faites chauffer le sucre avec les 35 cl d'eau / ingrédients pour 6 personnes / Concassez les noisettes / Pour peler une orange à vif / TARTE AU CITRON TOUTE SIMPLE DE DOM' / battez les œufs entiers avec le beurre tiède / Préparation 10 min / 8 cuil. à soupe de miel d'acacia / Cole Slaw de poulet aux noix de cajou / Le truc de Stéphan / Une recette gourmande / 250 g de framboises / pressez le citron / Pour la sauce / Tarte aux noix de pécan / faites fondre le chocolat avec la crème fraîche / LE VERRE DE VIN QUI VA BIEN / Légumes grillés à l'italienne / jusqu'à l'obtention d'une sauce lisse et onctueuse / Ajoutez les dés de fromage / SALADE TIÈDE DE FRUITS ROUGES AU MIEL / Cuisson 30 min / Astuce / Épluchez l'oignon / Le tuyau de Laurence / 4 cuil. à soupe d'huile d'olive / Tartelettes pommes et foie gras / faites dorer les pignons

# Tarte à la brousse et aux fines herbes

**PRÉPARATION** 10 MIN | **CUISSON** 35 MIN | **COÛT** ★ | **DIFFICULTÉ** ★

→ UNE RECETTE INRATABLE QUI SE PRÉPARE EN UN TEMPS RECORD. LA BROUSSE, FROMAGE FRAIS À BASE DE LAIT DE CHÈVRE ET DE LAIT DE BREBIS, SE MARIE À MERVEILLE AVEC LES FINES HERBES.

**1** Préchauffez le four à 180 °C (th. 6). Étalez la pâte dans un moule à tarte beurré. Piquez le fond à l'aide d'une fourchette et faites cuire au four 10 min.

**2** Dans un saladier, écrasez la brousse à l'aide d'une fourchette. Salez et poivrez. Puis ajoutez les œufs entiers, le lait et les fines herbes (persil, ciboulette, estragon). Mélangez bien.

**3** Garnissez le fond de tarte précuit avec cette préparation. Faites cuire au four 35 min environ, jusqu'à ce que la tarte soit bien dorée. Servez immédiatement.

### Les ingrédients pour 6 personnes
- 1 pâte brisée
- 500 g de brousse
- sel et poivre
- 3 œufs
- 10 cl de lait
- 2 cuil. à soupe de persil coupé finement
- 2 cuil. à soupe de ciboulette coupée finement
- 2 cuil. à soupe d'estragon coupé finement
- 1 noisette de beurre pour le moule

**Astuces_** • Pour gagner du temps, sachez que les fines herbes (persil, ciboulette, estragon), peuvent s'acheter au rayon des surgelés. • Vous pouvez ajouter quelques pignons grillés sur le dessus de cette tarte juste avant de servir.

**Pour varier_** **Tarte à la brousse et à la menthe**. Vous pouvez remplacer les fines herbes par 6 cuil. à soupe de menthe finement coupée. **Tarte à la brousse et aux poireaux**. Dans une poêle, faites revenir dans un filet d'huile d'olive 2 blancs de poireau et 1 échalote coupés finement. Laissez cuire 7 à 8 min puis versez-les sur le fond de tarte précuit avant d'ajouter la préparation à la brousse.

## le tuyau de laurence

Égouttez un bocal de tomates séchées à l'huile d'olive. Passez les tomates égouttées au mixeur pour obtenir une purée. Tartinez le fond de tarte précuit avec une fine couche de cette purée de tomates séchées avant de mettre la préparation à la brousse. Bon voyage au pays des cigales !

# Tarte feuilletée aux champignons sauvages et aux lardons

**PRÉPARATION** 25 MIN | **CUISSON** 30 MIN | **COÛT** ★★★ | **DIFFICULTÉ** ★★

→ CETTE TARTE AUX SAVEURS D'AUTOMNE S'ACCOMPAGNE IDÉALEMENT D'UNE SALADE FRISÉE AUX CROÛTONS OU D'UNE SALADE DE PISSENLITS AUX PIGNONS ASSAISONNÉE D'UN FILET D'HUILE DE NOIX.

**1** Préchauffez le four à 200 °C (th. 6-7). Étalez la pâte dans un moule à tarte beurré. Piquez le fond à l'aide d'une fourchette et réservez au frais. Lavez les champignons, séchez-les délicatement avec du papier absorbant puis coupez-les en fines lamelles. Épluchez les échalotes et hachez-les.

**2** Dans une poêle, faites fondre le beurre. Ajoutez les échalotes et faites-les revenir 2 min environ. Puis ajoutez les lardons. Laissez cuire 5 min environ. Ajoutez les champignons. Poivrez. Laissez cuire jusqu'à ce que les champignons et les lardons deviennent bien dorés. Remuez régulièrement.

**3** Dans un saladier, mélangez les pignons avec les fines herbes et l'œuf entier. Ajoutez le contenu de la poêle dans le saladier. Mélangez à nouveau. Garnissez le fond de tarte avec cette préparation. Faites cuire au four 30 min environ. Servez immédiatement.

### Les ingrédients pour 6 personnes
- 1 pâte feuilletée toute prête
- 450 g de champignons sauvages
- 2 échalotes
- 150 g de lardons
- poivre
- 2 cuil. à soupe de pignons
- 1 cuil. à soupe de ciboulette coupée finement
- 1 cuil. à soupe de persil coupé finement
- 1 œuf
- 1 noisette de beurre pour la poêle
- 1 noisette de beurre pour le moule

---

**Astuces_** • Pensez à ne pas trop saler cette recette, les lardons le sont suffisamment.
• Pour gagner du temps, vous pouvez utiliser des ingrédients surgelés : mélange de champignons sauvages, ciboulette et persil.

## le truc de stéphan

Pour les jours de fête, remplacez les champignons par autant de cèpes sautés à la poêle et parfumés avec 1 cuil. à soupe de persil haché et 1 cuil. à soupe d'ail haché. Délicieux !

# Quiche roquefort et tomates cerise

**PRÉPARATION** 15 MIN **I CUISSON** 35 MIN **I COÛT** ★ **I DIFFICULTÉ** ★

**Les ingrédients pour 6 personnes**
- 1 pâte brisée
- 12 tomates cerises
- 150 g de roquefort
- 2 œufs
- 20 cl de crème fraîche épaisse
- sel et poivre
- 1 noisette de beurre pour le moule

1. Préchauffez le four à 180 °C (th. 6). Étalez la pâte dans un moule à tarte beurré. Piquez le fond à l'aide d'une fourchette et faites cuire au four 10 min.
2. Lavez, essuyez et coupez les tomates cerise en deux ; émiettez le roquefort. Répartissez le roquefort et les tomates cerise sur le fond de tarte précuit.
3. Dans un saladier, battez à l'aide d'un fouet les œufs entiers avec la crème fraîche. Salez et poivrez. Versez ce mélange sur le fond de tarte. Faites cuire au four 35 min environ jusqu'à ce que la tarte soit bien dorée. Servez immédiatement.

**Astuce_** Sachez que cette quiche est aussi bonne chaude que froide. Une fois qu'elle est refroidie, servez-la à l'apéro découpée en cube et piquée sur des cure-dents.

## la botte secrète d'aude et leslie

Pensez à rajouter 70 g de cerneaux de noix sur le dessus de votre quiche avant de la mettre au four. Un délice !

## le tuyau de laurence

Vous pouvez remplacer les tomates cerise par des cubes de poires que vous aurez légèrement poêlés avant et saupoudrés d'un peu de paprika.

# Quiche lorraine comme on l'aime

**PRÉPARATION** 15 MIN | **CUISSON** 30 MIN | **COÛT** ★ | **DIFFICULTÉ** ★

**1** Préchauffez le four à 210 °C (th. 7). Étalez la pâte dans un moule à tarte beurré. Piquez le fond à l'aide d'une fourchette et faites cuire au four 10 min.

**2** Dans une poêle anti-adhésive, faites revenir les lardons 7 min environ, jusqu'à ce qu'ils commencent à bien dorer. Remuez-les régulièrement. Pendant ce temps, coupez le comté en lamelles et déposez ces lamelles sur le fond de tarte précuit. Ajoutez les lardons par-dessus.

**3** Dans un saladier, battez les œufs en omelette avec la crème fraîche. Salez et poivrez, ajoutez les pincées de noix de muscade. Mélangez bien. Versez la préparation sur les lardons et faites cuire au four 30 min à 180 °C (th. 6).

### Les ingrédients pour 6 personnes
- 1 pâte brisée
- 200 g de lardons
- 80 g de comté
- 6 œufs
- 40 cl de crème fraîche épaisse
- sel et poivre
- 2 pincées de noix de muscade
- 1 noisette de beurre pour le moule

## la botte secrète d'aude et leslie
Pour une version encore plus gourmande, rajoutez dans la préparation aux œufs 2 poignées de gruyère râpé, 1 cuil. à soupe de ciboulette coupée finement, quelques échalotes et champignons coupés finement et dorés à la poêle.

## le tuyau de laurence
Mon frère ajoute toujours quelques fines rondelles de tomates fraîches, cela donne un résultat plus léger et vraiment délicieux.

## le verre de vin qui va bien
Avec ce grand classique, servez un beaujolais-villages.

tartes salées

# Quiche courgettes-Boursin de Joe

**PRÉPARATION** 15 MIN I **REPOS** 3 H I **CUISSON** 35 MIN I **COÛT** ★ I **DIFFICULTÉ** ★

1. Lavez et épluchez les courgettes avec un couteau économe en laissant une bande de peau sur deux. Râpez-les à l'aide d'un robot ou d'une râpe et laissez-les dans une passoire avec le gros sel pendant 3 h, afin de les faire dégorger.

2. 20 min avant la fin du temps de repos, préchauffez le four à 180 °C (th. 6). Étalez la pâte dans un moule à tarte beurré. Piquez le fond à l'aide d'une fourchette et faites cuire au four 10 min.

3. Dans un saladier, battez les œufs en omelette avec la crème. Poivrez. Déposez les courgettes râpées sur le fond de tarte précuit. Recouvrez-les de rondelles de Boursin. Versez les œufs battus sur les courgettes au Boursin et faites cuire au four 35 min, jusqu'à ce que la quiche soit bien dorée.

### Les ingrédients pour 6 personnes
- 1 kg de courgettes
- 1 belle pincée de gros sel
- 1 pâte brisée
- 5 œufs
- 20 cl de crème liquide
- poivre
- 2 Boursin
- 1 noisette de beurre pour le moule

---

**Astuces_** • Vous pouvez rajouter quelques pignons sur la tarte juste avant de la mettre au four. • Vous pouvez aussi remplacer le Boursin par du chèvre frais.

# Tarte aux légumes et fromage de brebis

**PRÉPARATION** 25 MIN | **CUISSON** 40 MIN | **COÛT** ★★ | **DIFFICULTÉ** ★★ |
**MATÉRIEL SPÉCIFIQUE** 1 MOULE À BORD HAUT (TYPE TOURTIÈRE)

→ C'EST NOTRE COPINE LAURENCE QUI NOUS A PASSÉ LA RECETTE DE CETTE DÉLICIEUSE TARTE QUI ALLIE PLAISIR ET VITAMINES. EN MAMAN EXEMPLAIRE, ELLE LA PRÉPARE SOUVENT À SES ENFANTS QUI MANGENT AINSI DES LÉGUMES EN N'Y VOYANT QUE DU FEU !

### Les ingrédients pour 6 personnes
- 2 courgettes
- 300 g de brocolis
- 150 g de petits pois en barquette
- 150 g de petit basque (fromage de brebis)
- 4 œufs
- 20 cl de crème liquide
- 10 cl de lait
- 2 pincées de piment d'Espelette en poudre
- sel et poivre
- 1 filet d'huile d'olive
- 1 pâte feuilletée toute prête
- 1 noisette de beurre pour le moule

1. Lavez les courgettes et coupez-les en rondelles. Lavez les brocolis et détachez les têtes pour obtenir des petits morceaux. Dans une casserole d'eau bouillante salée, faites-les cuire avec les petits pois 10 min environ.

2. Pendant ce temps, enlevez la croûte du petit basque et coupez-le en lamelles. Dans un saladier, battez les œufs en omelette avec la crème et le lait. Ajoutez le piment. Salez et poivrez.

3. Préchauffez le four à 210 °C (th. 7). Quand les légumes sont cuits, égouttez-les et faites-les revenir 5 min à la poêle à feu vif avec le filet d'huile d'olive.

4. Étalez la pâte dans un moule à bord haut beurré (type tourtière). Piquez le fond à l'aide d'une fourchette. Répartissez la moitié des lamelles de fromage sur le fond de tarte. Ajoutez les légumes. Nappez le tout avec la préparation aux œufs et rajoutez sur le dessus l'autre moitié des lamelles de fromage.

5. Faites cuire au four 40 min environ, jusqu'à ce que la tarte soit bien dorée. À la sortie du four, laissez-la refroidir quelques instants. Démoulez-la et servez-la tiède.

---

**Astuce_** Pour une version à l'improviste, utilisez des têtes de brocolis, des rondelles de courgettes et des petits pois surgelés.

---

**Pour varier_** Vous pouvez remplacer le brocoli par du chou vert finement coupé et les petits pois par des haricots verts coupés en morceaux. Troquez le petit basque contre la même quantité de cantal.

# Tarte tomates, parmesan et balsamique

**PRÉPARATION** 15 MIN | **CUISSON** 25 MIN | **COÛT** ★ | **DIFFICULTÉ** ★★

**1** Préchauffez le four à 210 °C (th. 7). Étalez la pâte dans un moule à tarte beurré. Piquez le fond à l'aide d'une fourchette et faites cuire au four 10 min.

**2** Pendant ce temps, plongez les tomates dans une casserole d'eau bouillante 30 sec. environ. Lorsque leur peau commence à se décoller, ressortez-les une à une à l'aide d'une louche. Pelez-les sous l'eau froide. Coupez-les en rondelles et retirez-en grossièrement les pépins.

**3** Tartinez le fond de tarte précuit de moutarde avec le dos d'une cuillère. Ajoutez les rondelles de tomates. Émiettez le thym au-dessus des tomates. Salez et poivrez. Puis arrosez d'un filet d'huile d'olive.

**4** Faites cuire au four 25 min environ. Formez des copeaux de parmesan à l'aide d'un couteau économe. À la sortie du four, rajoutez le filet de vinaigre balsamique et les copeaux de parmesan.

### Les ingrédients pour 6 personnes
- 1 pâte sablée
- 5 tomates
- 2 cuil. à soupe de moutarde
- 6 brins de thym
- sel et poivre
- 1 filet d'huile d'olive
- 70 g de parmesan
- 1 filet de vinaigre balsamique
- 1 noisette de beurre pour le moule

**Astuce_** Confectionnez en images des tuiles au parmesan ! (page 115).

**Pour varier_** **Tarte tomates et mozzarella.** Juste avant d'ajouter le thym, répartissez une boule de mozzarella coupée en fines rondelles sur les tomates. Dans ce cas-là, supprimez le parmesan à la sortie du four. **Tarte tomates et maquereaux.** À la place du parmesan, rajoutez à la sortie du four des filets de maquereaux égouttés. Choisissez-les à l'huile d'olive en conserve et comptez 1 à 2 boîtes selon vos envies. Rajoutez sur le dessus de la tarte 2 cuil. à soupe de persil coupé finement juste avant de servir.

## la botte secrète d'aude et leslie

Pour varier les saveurs, pensez à utiliser des moutardes parfumées (à l'estragon, au poivre vert ou au basilic) pour tartiner le fond de tarte. Idem pour l'huile (au sésame, à la noisette, à la truffe...). Accompagnée d'un filet d'huile de noix, cette tarte est un régal !

## le truc de stéphan

Malgré sa force, le parmesan perd presque tout son arôme lorsqu'il est trop chauffé ou cuit. C'est pourquoi on l'ajoute toujours au dernier moment.

# Tarte pommes de terre, gorgonzola et jambon de Savoie

**PRÉPARATION** 20 MIN | **CUISSON** 40 MIN | **COÛT** ★★ | **DIFFICULTÉ** ★

→ POUR LES LONGUES SOIRÉES D'HIVER ENTRE AMIS, VOICI LA RECETTE IDÉALE. SERVEZ-LA EN PLAT UNIQUE ACCOMPAGNÉE D'UNE BELLE SALADE DE POUSSES D'ÉPINARD.

### Les ingrédients pour 6 personnes
- 2 belles pommes de terre
- 1 pâte brisée
- 150 g de gorgonzola
- 100 g de jambon de Savoie (4 tranches environ)
- 2 œufs
- 20 cl de crème liquide
- poivre
- 1 noisette de beurre pour le moule

1. Épluchez les pommes de terre et coupez-les en rondelles pas trop épaisses. Dans une casserole d'eau bouillante salée, faites cuire les pommes de terre 10 min jusqu'à ce qu'elles soient tendres.

2. Préchauffez le four à 180 °C (th. 6). Étalez la pâte dans un moule à tarte beurré. Piquez le fond à l'aide d'une fourchette et faites cuire au four 10 min.

3. Coupez le gorgonzola en morceaux. Retirez le gras du jambon et coupez-le en lamelles à l'aide de ciseaux. Dans un saladier, battez en omelette les œufs avec la crème. Poivrez bien.

4. Déposez sur le fond de tarte précuit les pommes de terre égouttées, le gorgonzola puis le jambon. Nappez le tout avec la préparation aux œufs et faites cuire au four 40 min. Servez immédiatement.

*Astuce_* Pour gagner du temps lors de la cuisson des pommes de terre, faites chauffer l'eau à la bouilloire avant de la verser dans la casserole.

# recettepourépater...

## Tarte aux noix de saint-jacques, poireaux et lardons

**PRÉPARATION** 25 MIN | **CUISSON** 25 MIN | **COÛT** ★★★ | **DIFFICULTÉ** ★

→ UNE RECETTE FESTIVE À SERVIR LORS DES GRANDES OCCASIONS. POUR LE RESTE DE L'ANNÉE, IL SUFFIT DE SUPPRIMER LES NOIX DE SAINT-JACQUES ET VOUS OBTIENDREZ UNE DÉLICIEUSE TARTE POIREAUX-LARDONS.

**1** Préchauffez le four à 210°C (th. 7). Étalez la pâte dans un moule à tarte beurré. Piquez le fond à l'aide d'une fourchette et faites cuire au four 10 min. Lavez et coupez finement les blancs de poireaux. Épluchez l'échalote et coupez-la finement.

**2** Dans une poêle, faites chauffer le beurre. Ajoutez les échalotes et les lardons (5 min environ). Puis ajoutez les blancs de poireaux et laissez cuire à nouveau 5 min.

**3** Dans un saladier, battez en omelette les œufs avec la crème fraîche et le cerfeuil. Poivrez. Versez le contenu de la poêle sur le fond de tarte précuit. Nappez le tout de la préparation aux œufs et faites cuire au four 25 min environ.

**4** 10 min avant la fin de la cuisson, nettoyez les noix de saint-jacques en retirant le corail (s'il y en a) et la veine noire qui entoure la chair. Passez-les sous l'eau claire et séchez-les délicatement en les déposant sur du papier absorbant. Découpez chaque noix en deux dans le sens de la longueur.

**5** Dans une poêle, faites revenir les saint-jacques avec le persil plat dans un filet d'huile d'olive 1 min de chaque côté, jusqu'à ce qu'elles soient bien dorées.

**6** À la sortie du four, laissez reposer quelques instants avant de démouler votre tarte. Ajoutez les saint-jacques poêlées sur le dessus juste avant de servir.

### Les ingrédients pour 6 personnes

- 1 pâte feuilletée
- 3 blancs de poireaux
- 1 échalote
- 150 g de lardons fumés
- 2 œufs
- 10 cl de crème fraîche
- 2 cuil. à soupe de cerfeuil coupé finement
- poivre
- 8 belles noix de saint-jacques
- 3 cuil. à soupe de persil plat coupé finement
- 1 filet d'huile d'olive
- 1 noisette de beurre pour la poêle
- 1 noisette de beurre pour le moule

---

**Astuce_** Pour gagner du temps, sachez qu'il existe des blancs de poireaux et des échalotes déjà coupés au rayon surgelé.

# Pizza express pesto-mozzarella

**PRÉPARATION** 15 MIN | **CUISSON** 10 MIN | **COÛT** ★★ | **DIFFICULTÉ** ★

**1** Préchauffez le four à 200 °C (th. 6-7). Étalez la pâte sur la plaque du four recouverte de papier sulfurisé, piquez le fond à l'aide d'une fourchette et faites cuire au four 15 min environ.

**2** Pour réaliser la sauce pesto, rincez la roquette et le basilic. Épluchez et coupez les gousses d'ail en deux ; ôtez le germe s'il y en a un. Passez au mixeur la roquette, le basilic, l'ail, le parmesan, l'huile d'olive et les pignons, jusqu'à l'obtention d'une purée fine. Salez légèrement et poivrez. Coupez la mozzarella en fines rondelles.

**3** À la sortie du four, étalez la sauce pesto à l'aide du dos d'une cuillère et répartissez la mozzarella par-dessus. Parsemez le tout avec les 2 cuil. à soupe de pignons. Faites cuire au four à nouveau, 8 à 10 min, jusqu'à ce que la mozzarella soit bien fondue. Servez immédiatement.

**Les ingrédients pour 6 personnes**

1 pâte à pizza toute prête
50 g de roquette
1 beau bouquet de basilic
2 gousses d'ail
5 cuil. à soupe de parmesan râpé
7 cuil. à soupe d'huile d'olive
30 g de pignons
sel et poivre
150 g de mozzarella
2 cuil. à soupe de pignons pour la déco

**Astuces_** • Ne salez pas trop cette recette, le parmesan l'est suffisamment.
• Ne paniquez pas si votre sauce pesto met du temps à se réduire en purée dans votre mixeur : allez-y petit à petit et dégagez les hélices entre chaque session de mixage (en prenant soin de débrancher l'appareil pour un maximum de sécurité).

## la botte secrète d'aude et leslie

Pour des plateaux-télé équilibrés, servez cette pizza express avec des tomates à la croque au sel et des bâtonnets de concombre à tremper dans la sauce tzatziki.

# Quiche poulet, comté et estragon

**PRÉPARATION** 10 MIN | **CUISSON** 40 MIN | **COÛT** ★ | **DIFFICULTÉ** ★

→ MOINS DE 10 MIN DE PRÉPARATION, C'EST LE TEMPS QU'IL VOUS FAUDRA POUR RÉALISER CETTE QUICHE EXPRESS. À SERVIR CHAUDE, TIÈDE OU FROIDE, SELON LES SAISONS ET LES ENVIES.

**1** Préchauffez le four à 210 °C (th. 7). Étalez la pâte dans un moule à tarte beurré. Piquez le fond à l'aide d'une fourchette et réservez au frais. Coupez le comté en fines lamelles.

**2** Dans un saladier, battez les œufs en omelette avec la crème liquide. Ajoutez les fines herbes (ciboulette et estragon), le comté râpé et la noix de muscade. Salez et poivrez.

**3** Déposez sur le fond de tarte précuit les lamelles de comté en rosace. Ajoutez les dés de volaille et nappez le tout de la préparation aux œufs. Faites cuire au four 40 min, jusqu'à ce que la quiche soit bien dorée. Servez immédiatement.

### Les ingrédients pour 6 personnes

- 1 pâte brisée
- 100 g de comté
- 4 œufs
- 40 cl de crème liquide
- 3 cuil. à soupe de ciboulette finement coupée
- 2 cuil. à soupe d'estragon finement coupé
- 100 g de comté râpé
- 1 pincée de noix de muscade
- sel et poivre
- 225 g de dés de volaille en barquette
- 1 noisette de beurre pour le moule

**Astuces_** • Vous pouvez remplacer les dés de volaille par des blancs de poulet coupés en morceaux. Dans ce cas-là, faites-les cuire dans une poêle à feu vif avec un filet d'huile d'olive (3 à 4 min environ). • La ciboulette et l'estragon déjà coupés se trouvent aussi au rayon des surgelés.

**Pour varier_** **Pour une recette plus light**, diminuez la quantité de crème liquide à 20 cl et choisissez-la allégée à 8 % de matière grasse. Rajoutez alors 20 cl de lait demi-écrémé.

## le verre de vin qui va bien

Soulignez les arômes délicats de cette quiche avec un vin blanc sec de Savoie.

# Tartelettes aux aubergines, tapenade et pignons

**PRÉPARATION** 25 MIN I **CUISSON** 20 MIN I **COÛT** ★ I **DIFFICULTÉ** ★ I
**MATÉRIEL SPÉCIFIQUE** 4 MOULES À TARTE INDIVIDUELS

**Les ingrédients pour 4 personnes**
1 pâte brisée
2 belles aubergines
1 oignon
6 cuil. à soupe d'huile d'olive
sel et poivre
4 cuil. à café de tapenade d'olives noires
4 cuil. à café de pignons
4 feuilles de basilic
1 noisette de beurre pour les moules

1. Préchauffez le four à 210 °C (th. 7). Dans la pâte brisée, découpez 4 disques d'un diamètre légèrement supérieur à celui des moules. Étalez les disques de pâte dans les moules individuels beurrés. Piquez le fond à l'aide d'une fourchette et faites cuire au four 20 min environ, jusqu'à ce que la pâte soit cuite et bien dorée.

2. Lavez les aubergines et épluchez-les à l'aide d'un couteau économe en laissant une bande de peau sur deux. Coupez-les en dés. Épluchez l'oignon et coupez-le finement.

3. Dans une poêle, faites chauffer l'huile d'olive. Ajoutez les oignons et faites-les chauffer 3 min environ, afin qu'ils blondissent. Ajoutez les dés d'aubergine, salez et poivrez. Laissez cuire 15 min en remuant régulièrement pour éviter que les aubergines n'accrochent.

4. À la sortie du four, tartinez les fonds de tarte de tapenade à l'aide du dos d'une cuillère. Répartissez les aubergines dans les 4 moules et rajoutez les pignons. Déposez une feuille de basilic sur chaque tartelette juste avant de servir.

Pour varier_ Vous pouvez remplacer le basilic par du romarin.

## la botte secrète d'aude et leslie

Pour varier les saveurs, remplacez la tapenade d'olives noires par de la tapenade d'olives vertes. Pensez aussi à l'anchoïade ; dans ce cas-là, ne salez pas la recette.

# Pissaladière

**PRÉPARATION** 20 MIN I **CUISSON** 30 MIN I **COÛT** ★★ I **DIFFICULTÉ** ★

**1** Préchauffez le four à 210 °C (th. 7). Épluchez les oignons et coupez-les finement. Dans une sauteuse ou une grande poêle, faites chauffer l'huile d'olive. Ajoutez les oignons avec le thym et le poivre. Laissez dorer les oignons 15 à 20 min à feu doux en remuant régulièrement.

**2** Pendant ce temps, aplatissez la pâte à pain sur la plaque du four recouverte de papier sulfurisé. Façonnez un rebord qui maintiendra la garniture. Réservez. Quand les oignons sont cuits, ajoutez-les sur le fond de tarte. Égouttez les anchois et disposez-les en croisillon sur les oignons. Faites cuire au four 20 min.

**3** Répartissez les olives sur votre pissaladière. Faites cuire au four à nouveau 10 min, jusqu'à ce qu'elle soit bien dorée. Saupoudrez de paprika juste avant de servir.

**Les ingrédients pour 4 à 6 personnes**
8 oignons
4 cuil. à soupe d'huile d'olive
2 cuil. à soupe de thym
poivre
1 pâte à pain (300 g environ)
8 filets d'anchois à l'huile
12 olives noires de Nice
2 pincées de paprika (facultatif)

**Astuce_** Sachez que la pâte à pain se trouve facilement chez votre boulanger ; vous pouvez aussi la remplacer par de la pâte à pizza.

**Pour varier_** **Tarte à l'oignon et au cumin.** Remplacez le paprika par 2 cuil. à soupe de cumin en grains. Supprimez dans ce cas-là les filets d'anchois.

## la botte secrète d'aude et leslie

Pensez à tartiner le fond de cette tarte d'anchoïade avant d'ajouter les oignons. Un délice ! Vous pouvez aussi ajouter quelques gouttes d'huile pimentée juste avant de servir.

## le tuyau de laurence

Prédécoupez votre pissaladière en carrés apéritifs avec une roulette à pizza avant de la faire cuire. Ce sera beaucoup plus facile à séparer et donc plus présentable.

## le verre de vin qui va bien

Cette pissaladière est idéale à l'heure de l'apéro. Accompagnez-la alors d'un coteaux-varois rosé ou d'un côtes-de-provence.

tartes salées

# Tarte fondante au reblochon

**PRÉPARATION** 10 MIN | **CUISSON** 30 MIN | **COÛT** ★★ | **DIFFICULTÉ** ★

1. Préchauffez le four à 210 °C (th. 7). Étalez la pâte dans un moule à tarte beurré. Piquez le fond à l'aide d'une fourchette et réservez au frais.

2. Retirez le gras du jambon et coupez le jambon en lamelles. Ôtez la croûte du reblochon et coupez-le en petits morceaux. Disposez sur le fond de tarte le reblochon et le jambon.

3. Dans un saladier, battez en omelette les œufs avec la crème et la noix de muscade. Salez et poivrez. Versez cette préparation sur le reblochon. Répartissez les cerneaux de noix sur le dessus. Faites cuire au four 30 min environ, jusqu'à ce que la tarte soit bien dorée.

**Les ingrédients pour 6 personnes**

1 pâte brisée
3 tranches de jambon blanc
1 reblochon
3 œufs
20 cl de crème fraîche
1 pincée de noix de muscade
sel et poivre
75 g de cerneaux de noix
1 noisette de beurre pour le moule

---

Astuce_ Vous pouvez remplacer le reblochon par du vacherin, du camembert ou du munster. C'est à se damner !

---

Pour varier_ **Tarte brie et noix**. Ôtez la croûte du brie et écrasez-le à la fourchette. Ajoutez-le ensuite dans la préparation aux œufs et battez le tout avant de verser le mélange sur le fond de tarte. Prévoyez dans ce cas 200 g de brie.
**Tarte au maroilles**. À la place du reblochon, prévoyez 200 g de maroilles et ajoutez 4 cuil. à soupe de noisettes concassées dans la préparation aux œufs.

# le tuyau de laurence

Sachez que le cumin se marie à merveille avec des fromages forts comme le maroilles, le munster ou le reblochon. Saupoudrez donc l'équivalent de 1 cuil. à café de graines de cumin sur le fromage avant de mettre le reste des ingrédients.

# Flamiche aux poireaux

**PRÉPARATION** 20 MIN I **CUISSON** 25 MIN I **COÛT** ★ I **DIFFICULTÉ** ★ I
**RÉFRIGÉRATION** 1 MOULE À BORD HAUT (TYPE TOURTIÈRE)

**Les ingrédients pour 6 personnes**
- 1 pâte brisée
- 3 œufs
- 1 pincée de sel
- 500 g de poireaux
- 200 g de lardons
- 4 cuil. à soupe de farine
- 25 cl de lait
- 100 g d'emmental râpé
- poivre
- 1 noisette de beurre pour le moule
- 1 noisette de beurre pour la poêle

1. Préchauffez le four à 210 °C (th. 7). Étalez la pâte dans un moule à bord haut beurré (type tourtière). Piquez le fond à l'aide d'une fourchette et faites cuire au four 10 min.

2. Séparez les blancs des jaunes d'œufs. Réservez les jaunes. Mettez une pincée de sel dans les blancs, et, en battant avec un fouet ou un batteur électrique, montez les blancs en neige.

3. Enlevez les premières feuilles des poireaux. Lavez-les et coupez-les finement (le blanc et une partie du vert). Dans une casserole d'eau bouillante salée, plongez-les 3 min environ. Égouttez-les et réservez.

4. Dans une poêle, faites chauffer le beurre. Ajoutez les lardons et faites-les revenir 5 min environ. Hors du feu, ajoutez la farine. Mélangez bien l'aide d'une cuillère en bois. Ajoutez les poireaux.

5. Ajoutez le lait et mélangez bien jusqu'à l'obtention d'une béchamel épaisse. Ajoutez les jaunes d'œufs un à un en remuant énergiquement. Ajoutez l'emmental râpé puis poivrez. Incorporez délicatement les blancs en neige.

6. Versez cette préparation sur le fond de tarte précuit et faites cuire au four 25 min environ. À la sortie du four, laissez tiédir 10 à 15 min avant de servir.

## la botte secrète d'aude et leslie

Pour un petit plus gustatif, pensez à rajouter sur le fond de tarte précuit 1 ou 2 crottins de Chavignol (selon vos envies) coupés en rondelles, avant de verser la préparation aux poireaux.

## le truc de stéphan

On reproche parfois aux poireaux d'être trop forts au goût. C'est le plus souvent parce qu'ils sont trop cuits : trop de chaleur les dénature et donne naissance à des arômes désagréables. Attention donc à la cuisson : ne la prolongez pas inutilement.

# Quiche saumon-épinards

**PRÉPARATION** 20 MIN | **CUISSON** 35 MIN | **COÛT** ★★ | **DIFFICULTÉ** ★

**1** Préchauffez le four à 210 °C (th. 7). Étalez la pâte dans un moule à tarte beurré. Piquez le fond à l'aide d'une fourchette et faites cuire au four 10 min. Ôtez les arêtes du saumon à l'aide d'une pince à épiler si nécessaire, et coupez-le en petits dés. Réservez au frais.

**2** Épluchez et coupez finement l'oignon. Lavez et égouttez les pousses d'épinards puis coupez-en les queues. Dans une poêle, faites chauffer l'huile d'olive. Ajoutez l'oignon et faites-le revenir quelques instants. Ajoutez les épinards et laissez cuire 5 min à nouveau. Salez et poivrez puis réservez hors du feu.

**3** Dans un saladier, battez les œufs en omelette avec la crème fraîche et le jus de citron. Ajoutez l'aneth et les pignons. Salez et poivrez légèrement. Mélangez bien.

**4** Répartissez les dés de saumon sur le fond de tarte précuit. Ajoutez les épinards et recouvrez le tout de la préparation aux œufs. Faites cuire au four 35 min environ. Servez chaud ou tiède.

### Les ingrédients pour 6 personnes

- 1 pâte feuilletée toute prête
- 400 g de filet de saumon
- 1 oignon
- 350 g de pousses d'épinards
- 1 filet d'huile d'olive
- 4 œufs
- 20 cl de crème fraîche
- 1 cuil. à soupe de jus de citron
- 2 cuil. à soupe d'aneth coupée finement
- 30 g de pignons
- 1 noisette de beurre pour le moule
- sel et poivre

**Astuces_** • Sachez que vous pouvez utiliser des pousses d'épinard surgelées. Idem pour l'aneth. • Vous pouvez aussi remplacer le saumon frais par 3 tranches de saumon fumé.
• Au top avec des crevettes roses pour un dîner 100 % nordique.

**Pour varier_** **Quiche au saumon et aux asperges**. Prévoyez 1 botte d'asperges vertes. Épluchez-les et coupez-les en morceaux. Dans une casserole d'eau bouillante salée, faites-les cuire 15 min environ. Égouttez-les bien et ajoutez-les dans la préparation aux œufs. Dans ce cas, réduisez la quantité de saumon à 200 g. Pour une version express, choisissez un bocal d'asperges : vous n'aurez pas besoin de les faire cuire !

## recettepourépater...

# Tartelettes pommes et foie gras

**PRÉPARATION** 20 MIN | **CUISSON** 20 MIN | **COÛT** ★★★ | **DIFFICULTÉ** ★★ |
**MATÉRIEL SPÉCIFIQUE** 4 MOULES À TARTE INDIVIDUELS

**1** Préchauffez le four à 210 °C (th. 7). Dans la pâte feuilletée, découpez 4 disques d'un diamètre légèrement supérieur à celui des moules. Étalez les disques de pâte dans les moules individuels beurrés. Piquez le fond à l'aide d'une fourchette et faites cuire au four 20 min, jusqu'à ce que les fonds de tarte soient cuits et bien dorés.

**2** Pendant ce temps, épluchez les pommes à l'aide d'un couteau économe en les laissant entières. Évidez-les à l'aide d'un vide-pomme, ou d'un couteau, puis découpez-les en tranches assez fines. Dans une poêle, faites chauffer le beurre et ajoutez les pommes en rondelles. Faites-les revenir 10 min environ. Réservez hors du feu.

**3** Disposez les fines tranches de pomme en rosace sur les fonds de tarte cuits. Réservez. Découpez le foie gras en 4 tranches. Dans une poêle anti-adhésive, faites revenir les tranches de foie gras quelques secondes de chaque côté. Puis déposez-les sur les pommes. Salez et poivrez. Servez immédiatement.

**Les ingrédients pour 4 personnes**
1 pâte feuilletée toute prête
3 pommes vertes (granny smith)
40 g de beurre
300 g de foie gras de canard frais
sel et poivre
1 noisette de beurre pour les moules

**Astuces_** • Pour encore plus de saveur, vous pouvez faire revenir vos pommes dans 2 cuil. à soupe de graisse de canard. Dans ce cas-là, n'oubliez-pas de supprimer le beurre.
• Pour découper de belles tranches de foie gras sans les casser, utilisez un couteau dont vous aurez trempé la lame dans de l'eau très chaude.

**Pour varier_** **Tarte pommes de terre et foie gras**. Il suffit de remplacer les pommes vertes par 4 pommes de terre cuites à l'eau et coupées en rondelles.

## le verre de vin qui va bien

Avec cette belle recette, proposez un vin doux et agréable, à servir frais. Essayez un petit coteaux-du-layon par exemple.

# Pie de poulet au curry

**PRÉPARATION** 25 MIN I **CUISSON** 30 MIN I **COÛT** ★★ I **DIFFICULTÉ** ★★ I
**MATÉRIEL SPÉCIFIQUE** 1 MOULE À BORD HAUT (TYPE TOURTIÈRE)

**1** Préchauffez le four à 210 °C (th. 7). Étalez l'une des deux pâtes dans un moule à bord haut (type tourtière) beurré, en la laissant déborder un peu sur les bords. Piquez le fond à l'aide d'une fourchette et réservez au frais.

**2** Coupez les blancs de poulet en petits morceaux. Lavez, épluchez et coupez finement les champignons. Dans une sauteuse ou une grande poêle, faites chauffer le beurre. Ajoutez le poulet, les champignons et faites-les revenir 5 min environ en mélangeant sans cesse. Ajoutez la crème fraîche, le cube de bouillon émietté, le curry, les raisins secs et les olives. Salez, poivrez et mélangez à nouveau. Laissez cuire 1 à 2 min.

**3** Versez la préparation sur le fond de tarte. Recouvrez le tout avec le deuxième rouleau de pâte, en soudant les bords des deux pâtes ensemble avec un peu d'eau.

**4** Dans un bol, battez l'œuf en omelette avec 2 cuil. à soupe d'eau. Badigeonnez la pâte de cette préparation à l'aide d'un pinceau alimentaire, pour que la pie dore bien en cuisant. Puis faites des petites entailles dans la pâte avec la pointe d'un couteau pour que la vapeur puisse s'échapper lors de la cuisson. Faites cuire au four 30 min environ, jusqu'à ce que votre pie soit bien dorée. Servez chaud ou tiède.

### Les ingrédients pour 4 à 6 personnes

- 2 pâtes brisées
- 500 g de blanc de poulet
- 250 g de champignons de Paris
- 30 g de beurre
- 20 cl de crème fraîche
- 1 cube de bouillon de volaille
- 1 cuil. à soupe de curry en poudre
- 30 g de raisins secs
- 30 g d'olives vertes dénoyautées
- sel et poivre
- 1 œuf
- 1 noisette de beurre pour le moule

---

**Astuces_** • Pour une version plus light, utilisez une seule pâte brisée : versez alors la préparation au poulet directement dans le moule, et recouvrez-la avec la pâte. Remplacez la crème par de la crème fraîche allégée. • Pour émietter facilement le cube de bouillon, utilisez une râpe.

tartes salées

# Tartelettes fines aux poires et fourme d'Ambert de Camille

**PRÉPARATION** 15 MIN | **CUISSON** 7 MIN | **COÛT** ★ | **DIFFICULTÉ** ★

→ L'ALLIANCE SUBTILE ENTRE LES POIRES ET LA FOURME D'AMBERT, CE FROMAGE PERSILLÉ AUVERGNAT, JOUE LA CARTE DU SUCRÉ-SALÉ POUR UNE RECETTE ORIGINALE ET FACILE À RÉALISER.

1. Préchauffez le four à 210 °C (th. 7). Découpez 4 disques dans la pâte. Étalez-les sur la plaque du four recouverte de papier sulfurisé, puis piquez-les à l'aide d'une fourchette. Faites cuire au four 15 min environ.

2. Pendant ce temps, épluchez et coupez les poires en très fines lamelles. Découpez la fourme d'Ambert en dés.

3. Répartissez les lamelles de poires en rosace sur les fonds de tarte précuits. Ajoutez les dés de fromage et poivrez. Faites à nouveau cuire au four 5 à 7 min, jusqu'à ce que les tartelettes soient bien gratinées. Servez immédiatement.

Les ingrédients pour 4 personnes
1 pâte feuilletée toute prête
4 poires pas trop mûres (type conférence)
200 g de fourme d'Ambert
poivre

Astuces_ • Pour réussir cette recette, il faut impérativement que les poires ne soient ni trop mûres, ni trop juteuses. • Si vous voulez gagner du temps, lavez bien les poires et coupez-les en fines lamelles sans les éplucher.

## la botte secrète d'aude et leslie

Pensez à rajouter quelques amandes effilées ou quelques pignons de pin sur le dessus des tartelettes juste avant de mettre au four. Leur croquant se mariera délicieusement avec le fondant de la fourme d'Ambert.

## le tuyau de laurence

Cette recette fonctionne aussi à merveille en remplaçant la fourme d'Ambert par du roquefort ou du bleu.

tartes salées

# Chicken Caesar Salad

**PRÉPARATION** 30 MIN | **CUISSON** 15 MIN | **COÛT** ★★ | **DIFFICULTÉ** ★★

1. Coupez les blancs de poulet en lamelles. Dans une poêle à feu moyen, faites chauffer la noisette de beurre. Ajoutez les lamelles de poulet et faites-les cuire jusqu'à ce qu'elles soient bien dorées (10 à 12 min environ). Une fois qu'elles sont cuites, réservez-les hors du feu.

2. Pendant ce temps, dans une casserole d'eau bouillante salée, faites durcir vos œufs 10 min environ. Égouttez-les, écalez-les sous l'eau froide et coupez-les en quartiers.

3. Ôtez la croûte du pain de mie et coupez les tranches en dés. Dans une poêle, faites chauffer les 4 cuil. à soupe d'huile d'olive. Faites revenir les croûtons jusqu'à ce qu'ils soient bien dorés (2 à 3 min environ). Puis roulez-les dans le parmesan râpé et réservez.

4. Formez des copeaux de parmesan à l'aide d'un couteau économe. Réservez. Épluchez, rincez et essorez la romaine. Rincez et épongez les filets d'anchois. Épluchez la gousse d'ail et coupez-la en deux ; ôtez le germe s'il y en a un.

5. Pour la sauce aux anchois, passez au mixeur le jaune d'œuf, l'ail, le jus de citron, la moutarde et les anchois. Puis ajoutez l'huile d'olive petit à petit en continuant de mixer. Poivrez.

6. Dans un saladier, déposez les feuilles de romaine. Ajoutez la sauce aux anchois et mélangez bien. Répartissez sur le dessus les croûtons, les œufs durs, les copeaux de parmesan et les lamelles de poulet grillées.

### Les ingrédients pour 4 personnes

*Pour la salade*
3 filets de poulet
2 œufs
5 tranches de pain de mie
4 cuil. à soupe d'huile d'olive
40 g de parmesan râpé
70 g de parmesan
1 belle salade romaine
1 noisette de beurre pour la poêle

*Pour la sauce*
8 filets d'anchois à l'huile
1 gousse d'ail
1 jaune d'œuf
2 cuil. à soupe de jus de citron
1 cuil. à café de moutarde forte
20 cl d'huile d'olive
poivre

## la botte secrète d'aude et leslie
Plutôt que des quartiers d'œufs durs, vous pouvez écraser vos œufs à l'aide d'une fourchette et les parsemer sur le dessus de votre salade avant de servir.

## le verre de vin qui va bien
Accompagnez cette salade fraîche et savoureuse d'un verre de sancerre rouge qui se mariera bien avec le poulet et le parmesan.

salades salées

# Carpaccio de tomates, pignons et parmesan

**PRÉPARATION** 15 MIN | **COÛT** ★ | **DIFFICULTÉ** ★

→ UNE PETITE ENTRÉE QU'ON A DÉGUSTÉE AVEC DÉLICE PLUS D'UNE FOIS CHEZ NOTRE COPAIN STÉPHAN… ULTRA-SIMPLE À RÉALISER, ELLE DEVIENDRA LA MAROTTE DE TOUS VOS DÎNERS ENTRE POTES !

**1** Lavez et séchez les tomates. Coupez-les en très fines rondelles. Répartissez-les sur 6 assiettes en les disposant en rosace. Réservez.

**2** Dans une poêle anti-adhésive, faites dorer les pignons à sec quelques instants. Réservez hors du feu. Formez des copeaux de parmesan à l'aide d'un couteau économe. Lavez le basilic, coupez-le finement en gardant quelques feuilles pour la décoration. Coupez les 15 olives noires dénoyautées en tout petits morceaux, et réservez-les pour la sauce.

**3** Préparez la sauce. Écrasez dans un bol les filets d'anchois, à l'aide d'une fourchette. Ajoutez le vinaigre balsamique, l'huile d'olive et les olives en petits morceaux. Mélangez bien.

**4** Versez la sauce sur les carpaccios de tomates. Ajoutez les copeaux de parmesan, les pignons et le basilic finement coupé. Parsemez d'olives noires entières et ajoutez quelques feuilles de basilic au centre de chaque assiette. Salez et poivrez. Servez immédiatement.

### Les ingrédients pour 6 personnes

*Pour la salade*
10 tomates
100 g de pignons
225 g de parmesan
1 beau bouquet de basilic
12 olives noires
sel et poivre

*Pour la sauce*
15 olives noires dénoyautées
4 filets d'anchois
4 cuil. à soupe de vinaigre balsamique
8 cuil. à soupe d'huile d'olive

---

**Pour varier_** **Carpaccio de tomates mozzarella.** Il suffit de remplacer le parmesan par 2 à 3 boules de mozzarella (selon vos envies). Coupez-les en très fines tranches à la sortie du réfrigérateur. Intercalez-les entre chaque rondelle de tomates. Remplacez la sauce aux olives et aux anchois par un filet d'huile d'olive et le jus de 1 citron. Parsemez le tout de basilic finement coupé. Salez et poivrez.

## le verre de vin qui va bien

Servez une bouteille de valpolicella. Ce délicat vin rouge est parfait avec les anchois, le parmesan et la tomate. Ne le servez surtout pas froid.

# Taboulé sans cuisson

**PRÉPARATION** 15 MIN | **RÉFRIGÉRATION** 1 NUIT | **COÛT** ★ | **DIFFICULTÉ** ★

→ CE TABOULÉ EST IDÉAL POUR VOS PIQUE-NIQUES, VOS BRUNCHS OU VOS BUFFETS. IL N'EXIGE PAS DE CUISSON : VOUS LE RÉALISEREZ EN UN TOUR DE MAIN. LA CONDITION SINE QUA NON POUR RÉUSSIR CETTE RECETTE À TOUS LES COUPS EST DE LA PRÉPARER LA VEILLE.

1. Dans un saladier, versez la semoule crue. Lavez et coupez finement les fines herbes (menthe, ciboulette et persil plat). Réservez.

2. Lavez et coupez les 3 tomates fraîches en petits dés. Épluchez l'oignon et le concombre et coupez-les en tout petits dés. Égouttez les tomates pelées en réservant le jus. Coupez-les en petits dés.

3. Ajoutez dans le saladier les dés de tomates pelées, de tomates fraîches et de concombre. Puis versez le jus des tomates pelées, 8 cuil. à soupe d'huile et le jus de citron. Ajoutez les fines herbes coupées. Salez et poivrez. Mélangez bien.

4. Laissez reposer 1 nuit au réfrigérateur. Juste avant de servir, rajoutez un beau filet d'huile d'olive.

### Les ingrédients pour 6 personnes

- 500 g de semoule moyenne
- 1/2 botte de menthe
- 1/2 botte de ciboulette
- 1 botte de persil plat
- 3 tomates
- 1 oignon
- 1 concombre
- 1 grosse boîte de tomates pelées (environ 500 g égouttées)
- 9 cuil. à soupe d'huile d'olive
- le jus de 2 citrons
- sel et poivre

**Astuce_** Pour un taboulé encore plus parfumé, vous pouvez augmenter les quantités de fines herbes (1 botte de menthe, 1 botte de ciboulette et toujours 1 botte de persil plat).

**Pour varier_** **Taboulé oriental.** Remplacez la semoule par 100 g de boulgour que vous laisserez tremper 30 min dans un saladier d'eau froide. Par rapport à la recette initiale, rajoutez 2 tomates fraîches, 2 oignons, 2 bouquets de persil coupés finement, 1/2 bouquet de menthe, et supprimez la ciboulette et les tomates pelées. Égouttez le boulgour en le pressant entre vos mains. Puis mélangez tous les ingrédients ensemble dans un grand saladier. Laissez reposer 4 h au réfrigérateur.

# recette**pour**épater…

## Salade de potimarron, poires, tomme de brebis et noisettes

**PRÉPARATION** 20 MIN | **CUISSON** 7 MIN | **COÛT** ★★ | **DIFFICULTÉ** ★

→ LE POTIMARRON, PLUS INSOLITE ET PLUS SUCRÉ QUE LE POTIRON, POSSÈDE DES SAVEURS PROCHES DE CELLES DE LA CHÂTAIGNE. UN LÉGUME SAVOUREUX ET FACILE À CUISINER : À DÉCOUVRIR DE TOUTE URGENCE.

1. Épluchez le potimarron, ôtez-en les pépins et les filaments. Coupez la chair en fines tranches. Dans une casserole d'eau bouillante salée, faites cuire les lamelles de potimarron 7 min environ. Rafraîchissez-les sous l'eau froide puis égouttez-les bien. Réservez.

2. Concassez les noisettes et les noix dans un mortier ou à l'aide du manche d'un couteau. Formez des copeaux de parmesan à l'aide d'un couteau économe. Ôtez la croûte de la tomme puis coupez-la en fines lamelles. Épluchez et coupez les poires en lamelles.

3. Dans une poêle, faites chauffer 2 cuil. à soupe d'huile d'olive. Ajoutez le potimarron. Salez et poivrez. Laissez dorer 3 à 4 min à feu moyen. Dans une autre poêle, faites chauffer 2 cuil. à soupe d'huile d'olive. Ajoutez les lamelles de poires. Faites-les revenir 1 min environ.

4. Sur 6 assiettes, répartissez le potimarron, les poires et la tomme de brebis en rosace. Ajoutez les copeaux de parmesan, les noix et les noisettes sur le dessus. Arrosez d'un filet de vinaigre balsamique et d'un filet d'huile d'olive. Parsemez de cumin et servez immédiatement.

### Les ingrédients pour 6 personnes

*Pour la salade*
600 g de potimarron
40 g de noisettes décortiquées
30 g de cerneaux de noix
50 g de parmesan
100 g de tomme de brebis
3 poires
4 cuil. à soupe d'huile d'olive
sel et poivre

*Pour la sauce*
1 filet de vinaigre balsamique
1 filet d'huile d'olive
6 pincées de cumin en grains

**Astuces_** • Pour réussir cette salade, choisissez des poires pas trop mûres qui ne s'écraseront pas à la cuisson. • Vous pouvez remplacer le cumin en grains par du cumin en poudre.

# Cole Slaw de poulet aux noix de cajou

**PRÉPARATION** 20 MIN | **CUISSON** 20 MIN | **COÛT** ★★ | **DIFFICULTÉ** ★

→ LE COLE SLAW, UN MIX DE CHOU BLANC ET DE CAROTTE, EST UNE SALADE TYPIQUEMENT AMÉRICAINE. VOICI UNE VERSION PLUS ÉLABORÉE, AVEC DES LAMELLES DE POULET GRILLÉ ET DES NOIX DE CAJOU, QUE VOUS POURREZ SERVIR EN PLAT UNIQUE. CETTE SALADE RESTERA L'ACCOMPAGNEMENT IDÉAL DE VOS HAMBURGERS ET CLUB SANDWICHES ; DANS CE CAS-LÀ, SERVEZ-LA NATURE.

**1** Dans une poêle à feu moyen, faites chauffer la noisette de beurre. Ajoutez les blancs de poulet et faites-les cuire jusqu'à ce qu'ils soient bien dorés (15 à 20 min environ). Quand ils sont cuits, séparez-les en lamelles et laissez-les refroidir.

**2** Pendant ce temps, éliminez le trognon et les premières feuilles du chou. Épluchez les carottes. Puis râpez le chou et les carottes. Lavez et essorez le cœur de laitue et détachez les feuilles. Lavez et coupez finement le persil et la ciboulette, et réservez dans 2 bols.

**3** Dans un saladier, mélangez la mayonnaise avec le fromage blanc. Ajoutez la ciboulette, le vinaigre et le sucre. Salez et poivrez. Ajoutez le chou, les carottes, les noix de cajou, le poulet et les feuilles de laitue dans le saladier. Mélangez bien. Parsemez le tout de persil coupé avant de servir.

**Les ingrédients pour 4 personnes**

*Pour la salade*
3 blancs de poulet
400 g de chou blanc
2 carottes
1 cœur de laitue
3 branches de persil plat
100 g de noix de cajou
1 noisette de beurre pour la poêle

*Pour la sauce*
1/2 botte de ciboulette
100 g de mayonnaise
100 g de fromage blanc
3 cuil. à café de vinaigre de cidre
2 pincées de sucre en poudre
sel et poivre

**Astuce_** Pour gagner du temps, pensez à utiliser du chou blanc et des carottes déjà râpés en sachet, disponibles au rayon salades des supermarchés.

**Pour varier_** **Version soja-cacahuètes**. Vous pouvez remplacer le cœur de laitue par 2 poignées de germes de soja et les noix de cajou par la même quantité de cacahuètes grillées. **Version light**. Préparez la sauce sans mayonnaise en n'utilisant que du fromage blanc, ou même un fromage blanc allégé.

## le tuyau de laurence

Si vous aimez le cole slaw pour son petit côté sucré, alors ajoutez des raisins secs blonds à cette salade. Essayez également des petits dés d'abricots secs !

# Salade tiède de lentilles, pousses d'épinard, chèvre et pesto

**PRÉPARATION** 20 MIN | **CUISSON** 30 MIN | **COÛT** ★ | **DIFFICULTÉ** ★★

1. Épluchez l'oignon et piquez-le avec les 3 clous de girofle : faites 3 petites entailles dans l'oignon avec la pointe d'un couteau, et piquez-y les clous. Dans un faitout, versez les lentilles avec l'oignon et le bouquet garni. Couvrez-les d'eau froide (une fois et demie le volume des lentilles). Laissez cuire 30 min à couvert et à feu doux. Remuez régulièrement. Une fois les lentilles cuites, ôtez le bouquet garni et l'oignon. Égouttez les lentilles, salez-les et laissez-les tiédir.

2. Préchauffez le gril du four. Lavez et séchez les pousses d'épinard. Épluchez l'échalote et coupez-la finement. Ôtez la croûte des crottins et coupez-les en 2. Ôtez la croûte du pain de mie et coupez chaque tranche en diagonale pour obtenir 2 triangles.

3. Déposez chaque demi-crottin sur chaque demi-tranche de pain. Poivrez. Déposez-les sur la plaque du four recouverte de papier d'aluminium et faites cuire au four 4 à 5 min environ jusqu'à ce que le chèvre soit doré et fondant.

4. Pendant ce temps, pour la vinaigrette, mélangez le vinaigre avec le sel et le poivre dans un bol. Puis ajoutez la moutarde, l'huile d'olive, le persil et l'échalote. Mélangez bien. Versez la vinaigrette sur les lentilles tièdes avec les pousses d'épinard. Mélangez à nouveau.

5. À la sortie du four, déposez une noisette de pesto sur chaque tartine de chèvre. Dans 4 assiettes creuses, répartissez la salade de lentilles. Déposez sur le dessus deux tartines. Servez immédiatement.

### Les ingrédients pour 4 personnes

*Pour la salade*
1 oignon
3 clous de girofle
350 g de lentilles du Puy
1 bouquet garni
4 crottins de Chavignol
4 tranches de pain de mie
4 poignées de pousses d'épinard
4 cuil. à café de sauce pesto
sel et poivre

*Pour la sauce*
1 échalote
2 cuil. à soupe de vinaigre de vin rouge
sel et poivre
1 cuil. à café de moutarde forte
6 cuil. à soupe d'huile d'olive
3 cuil. de persil coupé finement

**Astuce_** Sachez que vous pouvez cuire la salade de lentilles à l'avance.

**Pour varier_** Remplacez le pain de mie par du pain aux noix, aux olives ou aux céréales…

## la botte secrète d'aude et leslie

Pour une version encore plus gourmande, rajoutez des lardons grillés. Vous pouvez aussi remplacer les tartines de chèvre par un œuf poché posé au centre de la salade.

# Salade de girolles, cèpes et serrano

**PRÉPARATION** 25 MIN | **CUISSON** 15 MIN | **COÛT** ★★★ | **DIFFICULTÉ** ★

1. Dans une casserole d'eau bouillante salée, faites cuire les pommes de terre 15 min environ. Quand elles sont cuites, égouttez-les et épluchez-les. Coupez-les en rondelles. Réservez.

2. Pendant ce temps, épluchez l'échalote et coupez-la finement. Lavez le persil et coupez-le finement. Lavez les champignons (girolles et cèpes) en les passant rapidement sous l'eau froide, ôtez l'extrémité terreuse des pieds, séchez-les sur du papier absorbant puis coupez-les finement.

3. Dans une poêle, faites chauffer les 4 cuil. à soupe d'huile d'olive. Mettez-y les champignons et faites-les revenir jusqu'à ce qu'ils dorent (10 min environ). Remuez régulièrement. Ajoutez l'échalote et le persil coupés. Faites cuire 5 min à nouveau. Salez et poivrez.

4. Pour la vinaigrette, lavez l'estragon et la ciboulette, et coupez-les finement. Dans un bol, mélangez le vinaigre, le sel et le poivre. Ajoutez la moutarde à l'ancienne, l'huile d'olive puis les fines herbes. Mélangez bien.

5. Répartissez les pommes de terre et les champignons poêlés dans 6 assiettes. Versez la vinaigrette sur le dessus puis ajoutez une tranche de jambon serrano et quelques cerneaux de noix.

### Les ingrédients pour 6 personnes

*Pour la salade*
6 pommes de terre nouvelles
1 échalote
3 branches de persil
500 g de girolles
100 g de cèpes
4 cuil. à soupe d'huile d'olive
6 tranches de jambon cru serrano
60 g de cerneaux de noix
sel et poivre

*Pour la sauce*
1 botte d'estragon
1 botte de ciboulette
2 cuil. à soupe de vinaigre de vin rouge
sel et poivre
2 cuil. à café de moutarde à l'ancienne
7 cuil. à soupe d'huile d'olive

**Astuces_** • Ne faites jamais tremper vos champignons pour les nettoyer, ils risqueraient de s'imbiber d'eau. • Pour une recette express, utilisez des ingrédients surgelés : mélange de champignons sauvages, persil, estragon et ciboulette.

## la botte secrète d'aude et leslie

Pour une version toute aussi succulente et simplissime, remplacez la vinaigrette aux herbes par un filet d'huile de noix et quelques pincées de sel de céleri (à la place de la fleur de sel). Donnez quelques tours de moulin à poivre juste avant de servir.

## le verre de vin qui va bien

Pour ce grand moment de plaisir, sachez présenter un vin qui soit à la hauteur. Pourquoi pas un flacon de côte-rôtie ? Ses saveurs complexes souligneront à merveille la suavité du serrano et celles des champignons.

# Salade de blé, avocat, crevettes et fenouil

**PRÉPARATION** 20 MIN | **CUISSON** 20 MIN | **COÛT** ★ | **DIFFICULTÉ** ★

1. Dans une casserole d'eau bouillante salée, faites cuire le blé 15 à 20 min environ. Quand il est cuit, égouttez-le et laissez refroidir à température ambiante.

2. Pendant ce temps, rincez les crevettes et égouttez-les bien. Épluchez et coupez le concombre, le fenouil et l'avocat en petits dés. Lavez et coupez finement les fines herbes (menthe, ciboulette et persil plat).

3. Pour la sauce, dans un saladier, mélangez à l'aide d'un fouet le yaourt, le jus de citron et les fines herbes jusqu'à l'obtention d'une sauce lisse et onctueuse. Salez et poivrez. Ajoutez tous les ingrédients dans le saladier et mélangez bien. Servez immédiatement.

### Les ingrédients pour 6 personnes

*Pour la salade*
200 g de blé (type Ebly)
200 g de petites crevettes roses décortiquées, en barquette
1/2 concombre
1/2 fenouil
1 bel avocat

*Pour la sauce*
6 feuilles de menthe
1/2 botte de ciboulette
1/2 bouquet de persil plat
300 g de yaourt blanc
le jus de 1 citron
sel et poivre

**Astuce_** Vous pouvez rajouter un filet d'huile d'olive ou un peu plus de jus de citron dans la sauce au yaourt si vous l'aimez plus fluide.

**Pour varier_** **Salade de blé à la feta**. Remplacez les crevettes par 100 g de feta coupée en cubes et 100 g de raisin secs. Pour la sauce, prévoyez alors 1 yaourt blanc, le jus de 1 citron, 1 filet d'huile d'olive et 2 pincées de cumin en poudre. Salez et poivrez juste avant de servir.

## la botte secrète d'aude et leslie

Pour un assaisonnement plus relevé, pensez à incorporer 1 cuil. à café de moutarde forte dans la sauce au yaourt. Vous pouvez aussi ajouter des miettes de crabe (comptez une boîte) ou des petites lamelles de saumon fumé. Un délice !

# Légumes grillés à l'italienne

**PRÉPARATION** 15 MIN | **CUISSON** 15 MIN | **COÛT** ★ | **DIFFICULTÉ** ★

→ POUR UN DÎNER 100 % ITALIEN, SERVEZ CETTE RECETTE ACCOMPAGNÉE DE MORTADELLE, SALAMI, JAMBON DE PARME ET GRESSINS. PENSEZ AUSSI À LA PRÉPARER LORS DE VOS BARBECUES, ELLE SE MARIERA À MERVEILLE AVEC VOS GRILLADES. POUR UNE VERSION LÉGÈRE ET VÉGÉTARIENNE, SERVEZ-LA EN PLAT UNIQUE.

**1** Préchauffez le gril du four. Lavez les poivrons, coupez-les en deux et ôtez-en les pépins. Lavez et coupez l'aubergine et les courgettes dans le sens de la longueur. Lavez les tomates.

**2** Disposez les légumes sur la plaque du four. Arrosez-les d'un filet d'huile d'olive et parsemez de romarin. Salez et poivrez et faites cuire au four 10 à 15 min environ.

**3** Pendant ce temps, formez des copeaux de parmesan à l'aide d'un couteau économe. À la sortie du four, enlevez la peau des poivrons et coupez-les en lamelles. Coupez les courgettes et l'aubergine en morceaux. Sur un grand plat, disposez tous les légumes en laissant les petites tomates entières sur le dessus.

**4** Arrosez le tout d'un filet d'huile d'olive et d'un filet de vinaigre balsamique. Puis ajoutez les copeaux de parmesan et donnez quelques tours de moulin à poivre avant de servir.

### Les ingrédients pour 4 personnes

*Pour les légumes*
1 poivron rouge
1 poivron jaune
1 aubergine
3 courgettes
16 petites tomates en grappe
1 filet d'huile d'olive
2 cuil. à soupe de romarin
sel et poivre

*Pour la sauce*
100 g de parmesan
1 filet d'huile d'olive
1 filet de vinaigre balsamique
poivre

## la botte secrète d'aude et leslie

Pensez à servir ces légumes grillés sur des piques à brochettes ou des cure-dents. Idéal pour vos apéros et vos brunchs entre copains.

## le verre de vin qui va bien

Avec ces légumes pleins de soleil, servez un vin italien de Toscane. Essayez un chianti ou, plus rare, un elba-rosso aux superbes couleurs.

# La salade qu'on a piquée dans un resto new-yorkais

**PRÉPARATION** 15 MIN | **CUISSON** 30 MIN | **COÛT** ★ | **DIFFICULTÉ** ★★

→ REPÉRÉE, DÉGUSTÉE ET APPROUVÉE DANS UN RESTO HUPPÉ DE SOHO, CETTE PETITE SALADE SIMPLISSIME NE PASSERA PAS INAPERÇUE. EN BONNES COPINES, NOUS L'AVONS RAPPORTÉE POUR VOUS DANS NOS VALISES.

**1** Épluchez l'oignon et piquez-le avec les 3 clous de girofle : faites 3 petites entailles dans l'oignon avec la pointe d'un couteau, et piquez-y les clous. Dans un faitout, versez les lentilles avec l'oignon et le bouquet garni. Couvrez-les d'eau froide (une fois et demie le volume des lentilles). Laissez cuire 30 min à couvert et à feu doux. Remuez régulièrement.

**2** Pendant ce temps, lavez et essorez les pousses d'épinard. Épluchez et coupez les avocats et les pommes vertes en petits dés.

**3** Pour la sauce, lavez le basilic et coupez-le finement. Épluchez et coupez l'ail en deux. Ôtez le germe s'il y en a un. Pressez-le avec un presse-ail, ou, à défaut, hachez-le en tout petits morceaux. Dans un saladier, mélangez le vinaigre avec le sel et le poivre. Ajoutez la moutarde, l'huile d'olive, le basilic et l'ail. Mélangez bien.

**4** Une fois les lentilles cuites, ôtez le bouquet garni et l'oignon. Égouttez les lentilles, salez-les et laissez-les refroidir.

**5** Ajoutez tous les ingrédients dans le saladier, en réservant quelques noix de pécan pour la déco. Mélangez bien puis répartissez la salade de lentilles dans 4 assiettes. Parsemez avec les noix de pécan restantes avant de servir.

### Les ingrédients pour 4 personnes

*Pour la salade*
1 oignon
3 clous de girofle
300 g de lentilles du Puy
1 bouquet garni
100 g de pousses d'épinard
2 avocats
2 pommes vertes
80 g de noix de pécan

*Pour la sauce*
6 feuilles de basilic
1 gousse d'ail
2 cuil. à soupe de vinaigre de vin blanc
sel et poivre
1 cuil. à café de moutarde forte
6 cuil. à soupe d'huile d'olive

## le tuyau de laurence

Ajoutez 1 cuil. à café de curry en poudre à la sauce : avec les lentilles c'est top !

# Salade de fusillis, thon et fromage frais

**PRÉPARATION** 20 MIN | **CUISSON** 12 MIN | **COÛT** ★ | **DIFFICULTÉ** ★

1. Dans une casserole d'eau bouillante salée, faites cuire les fusillis *al dente* selon les indications du paquet. Dans une autre casserole d'eau bouillante salée, faites cuire les petits pois 12 min environ. Après la cuisson, égouttez les pâtes et les petits pois et laissez-les refroidir à température ambiante.

2. Pendant ce temps, pour la sauce, écrasez à la fourchette le fromage frais avec l'huile d'olive et le jus de citron dans un saladier. Ajoutez la tapenade et la ciboulette. Poivrez et mélangez bien.

3. Égouttez le thon et émiettez-le. Épluchez le concombre, l'échalote et le céleri, puis coupez-les en petits dés. Mettez tous les ingrédients dans le saladier. Mélangez bien et servez immédiatement.

### Les ingrédients pour 4 personnes

*Pour la salade*
300 g de pâtes fusillis
100 g de petits pois surgelés
350 g de thon à l'huile d'olive
1/2 concombre
1 échalote
3 branches de céleri
sel

*Pour la sauce*
80 g de fromage frais (type Carré frais)
3 cuil. à soupe d'huile d'olive
le jus de 1/2 citron
1 cuil. à soupe de tapenade
2 cuil. à soupe de ciboulette hachée
poivre

**Astuces_** • Pour gagner du temps, vous pouvez faire cuire les petits pois au micro-ondes ou les faire cuire dans la même casserole que les fusillis (soyez juste vigilants avec les temps de cuisson respectifs). • Vous pouvez rajouter quelques câpres juste avant de servir.

**Pour varier_** **Salade de pennes au saumon.** Remplacez les fusillis par des pennes et les miettes de thon par 2 pavés de saumon que vous poêlerez côté peau 8 min environ. Pour la sauce, prévoyez alors 6 cuil. à soupe de crème liquide, le jus de 1 citron, des fines herbes coupées finement (aneth, persil ou estragon). Salez et poivrez avant de servir.

# Salade toute verte

**PRÉPARATION** 20 MIN | **CUISSON** 12 MIN | **COÛT** ★★ | **DIFFICULTÉ** ★

**1** Coupez les queues des pousses d'épinard, lavez les pousses et essorez-les. Lavez et râpez grossièrement les courgettes. Lavez le chou romanesco et coupez-le en morceaux.

**2** Dans une casserole d'eau bouillante salée, faites cuire les haricots verts, les fèves, les petits pois, le chou et les pois gourmands 10 à 12 min environ, jusqu'à ce qu'ils soient cuits mais encore croquants.

**3** Pendant ce temps, pour la sauce, concassez les noisettes et les cacahuètes dans un mortier ou à l'aide du manche d'un couteau. Dans un saladier, mélangez le vinaigre avec le sel et le poivre. Ajoutez les huiles (d'olive et de noisette). Mélangez bien.

**4** Quand les légumes sont cuits, égouttez-les et plongez-les dans un grand saladier d'eau froide pour stopper leur cuisson. Égouttez à nouveau et réservez. Dans le saladier de la sauce, ajoutez les légumes cuits, les courgettes râpées et les pousses d'épinard. Mélangez à nouveau.

### Les ingrédients pour 6 personnes

*Pour la salade*
300 g de pousses d'épinard
¼ de chou romanesco
300 g de haricots verts surgelés
150 g de fèves surgelées
150 g de petits pois surgelés
200 g de pois gourmands en barquette
2 courgettes

*Pour la sauce*
50 g de noisettes
30 g de cacahuètes
3 cuil. à soupe de vinaigre de vin blanc
sel et poivre
3 cuil. à soupe d'huile d'olive
3 cuil. à soupe d'huile de noisette

**Astuces_** • Pour varier les plaisirs, vous pouvez réaliser des tagliatelles de courgettes au lieu de les râper ; utilisez pour ce faire un couteau économe. • Pensez à accompagner cette salade de tuiles au parmesan (voir p. 115).

## la botte secrète d'aude et leslie

Pensez à décliner le concept des salades « monomaniaques ». Après la salade toute verte, testez la salade toute blanche (fenouil, endives, pommes, chou blanc...) ou la salade toute rose (betterave, radis, pamplemousse, chicorée ou rougette).

# Salade folle aux copeaux de foie gras

PRÉPARATION 20 MIN | CUISSON 8 MIN | COÛT ★★★ | DIFFICULTÉ ★

**1** Coupez les queues des haricots verts et rincez les haricots. Dans une casserole d'eau bouillante salée, faites-les cuire 8 min environ, jusqu'à ce qu'ils soient cuits mais encore croquants. Puis égouttez-les et plongez-les dans un saladier d'eau froide pour stopper leur cuisson.

**2** Lavez et essorez la mâche. Nettoyez les champignons et ôtez leur pied terreux. Rincez-les rapidement sous l'eau froide et séchez-les sur du papier absorbant. Coupez-les finement et arrosez-les de jus de citron.

**3** Pour la sauce, mélangez l'huile, le vinaigre et le cerfeuil dans un bol. Salez et poivrez.

**4** Au moment de servir, répartissez sur 4 assiettes la mâche, les haricots verts et les champignons. Versez la sauce. Coupez le foie gras en fines lamelles et disposez-le sur la salade. Ajoutez la fleur de sel et donnez quelques tours de moulin à poivre.

### Les ingrédients pour 4 personnes

*Pour la salade*
150 g de haricots verts
200 g de mâche
6 champignons de Paris
le jus de 1/2 citron
200 g de foie gras en bloc
sel et poivre

*Pour la sauce*
4 cuil. à soupe d'huile de noix
2 cuil. à soupe de vinaigre balsamique
1 pincée de cerfeuil
sel et poivre

**Astuces_** • Pour gagner du temps, pensez à utiliser des haricots verts surgelés.
• Pour découper de belles tranches de foie gras sans les casser, utilisez un couteau dont vous aurez trempé la lame dans de l'eau très chaude.

## le tuyau de laurence

Ajoutez un petit truc qui croustille : des pignons de pin, des noix ou des noisettes concassées.

## le verre de vin qui va bien

Pour accompagner le foie gras, en matière de vins, la palette est large. Pour sortir des sentiers battus et marquer votre originalité, servez un petit verre de bon rivesaltes ou de pineau des Charentes.

# Salade thaïe aux cheveux d'ange et crevettes

**PRÉPARATION** 20 MIN | **COÛT** ★★ | **DIFFICULTÉ** ★

1. Portez une grande casserole d'eau à ébullition. Hors du feu, ajoutez les vermicelles et laissez-les tremper 5 min dans l'eau bouillante. Égouttez-les et rincez-les sous l'eau froide. Égouttez à nouveau.

2. Lavez et râpez les courgettes sans les éplucher. Épluchez et râpez les carottes. Rincez les germes de soja et les crevettes à l'eau claire et séchez-les sur du papier absorbant. Lavez la coriandre et coupez-la finement ; réservez pour la sauce.

3. Préparez la sauce. Pelez le gingembre et râpez-le sur les gros trous d'une râpe. Dans un saladier, versez la sauce soja, l'huile d'olive, le jus de citron, le wasabi. Mélangez bien. Ajoutez la coriandre coupée et le gingembre râpé.

4. Ajoutez dans le saladier les vermicelles, les courgettes, les carottes, les germes de soja et les crevettes. Mélangez à nouveau. Lavez les feuilles de menthe et coupez-les finement. Parsemez-en la salade juste avant de servir.

### Les ingrédients pour 6 personnes

*Pour la salade*

200 g de vermicelles de soja (cheveux d'ange)
2 courgettes
4 carottes
1 poignée de germes de soja
300 g de crevettes cuites décortiquées
10 feuilles de menthe

*Pour la sauce*

3 branches de coriandre
3 cm de racine de gingembre
2 cuil. à soupe de sauce soja
4 cuil. à soupe d'huile d'olive
le jus de 1 citron vert
1/2 cuil. à café de raifort (wasabi)

---

**Pour varier_** **Wok de crevettes et cheveux d'ange.** Cette salade peut être préparée au wok pour une version chaude. Pour cela, faites mijoter les crevettes avec la sauce et les légumes 8 à 10 min en remuant régulièrement. Rajoutez en fin de cuisson les vermicelles (déjà cuits dans l'eau bouillante et bien égouttés) et servez immédiatement. Pour encore plus de goût, vous pouvez aussi rajouter quelques feuilles de basilic entières directement dans le wok.

# Tarte fondante aux figues

**PRÉPARATION** 15 MIN | **CUISSON** 30 MIN | **COÛT** ★★ | **DIFFICULTÉ** ★

→ UNE RECETTE CONCOCTÉE EN UN RIEN DE TEMPS. ACCOMPAGNÉE D'UNE BOULE DE GLACE À LA VANILLE OU MIEUX ENCORE À LA CANNELLE, CETTE TARTE APPORTERA UNE NOTE ORIGINALE À VOS PETITS DÎNERS ENTRE AMIS.

**1** Préchauffez le four à 180 °C (th. 6). Étalez la pâte dans un moule à tarte beurré. Piquez le fond à l'aide d'une fourchette et faites cuire au four 10 min.

**2** Pendant ce temps, pelez les figues délicatement. Dans un saladier, écrasez, à l'aide d'une fourchette, la chair des figues avec le sucre glace. Ajoutez la cannelle. Mélangez bien jusqu'à l'obtention d'une purée fine.

**3** Étalez la purée de figues sur le fond de tarte précuit à l'aide du dos d'une cuillère. Faites cuire au four 30 min en augmentant la température du four à 240 °C (th. 8). Laissez bien refroidir avant de servir.

### Les ingrédients pour 6 personnes
- 1 pâte sablée
- 1 kg de figues mûres
- 180 g de sucre glace
- 5 pincées de cannelle en poudre
- 1 noisette de beurre pour le moule

---

**Astuces_** • Pour un petit plus déco, découpez quelques bandes dans une pâte sablée que vous ajouterez en croisillon sur la purée de figues avant de mettre au four.

• Vous pouvez cuisiner cette recette en laissant les figues entières.

## le truc de stéphan

Pour donner une saveur encore plus prononcée à cette tarte, remplacez le sucre glace par du miel toutes fleurs et 1 cuil. à café de Maïzena.

# Tartelettes choco-noisette

**PRÉPARATION** 15 MIN I **CUISSON** 25 MIN I **REPOS** 3 H I **COÛT** ★ I **DIFFICULTÉ** ★ I
**MATÉRIEL SPÉCIFIQUE** 4 MOULES À TARTE INDIVIDUELS

**1** Préchauffez le four à 180 °C (th. 6). Dans la pâte sablée, découpez 4 disques d'un diamètre légèrement supérieur à celui des moules. Étalez les disques de pâte dans les moules individuels beurrés. Piquez les fonds à l'aide d'une fourchette et faites cuire au four 20 à 25 min, jusqu'à ce que la pâte soit cuite et bien dorée.

**2** Pendant ce temps, mélangez dans un saladier les noisettes concassées avec le sucre roux et le cacao. Étalez ce mélange sur les fonds de tarte cuits. Dans une casserole à feu doux, faites fondre le chocolat avec la crème fraîche. Mélangez sans cesse jusqu'à l'obtention d'un mélange lisse. Versez le chocolat fondu sur les noisettes.

**3** Laissez prendre à température ambiante (3 h environ).

### Les ingrédients pour 6 personnes
- 1 pâte sablée
- 150 g de noisettes concassées
- 50 g de sucre roux
- 40 g de cacao en poudre
- 200 g de chocolat noir
- 20 cl de crème fraîche
- 1 noisette de beurre pour les moules

**Astuce_** Si vous n'avez pas de noisettes concassées, utilisez des noisettes entières que vous envelopperez dans un torchon. Concassez-les ensuite à l'aide d'un petit marteau.

**Pour varier_** **Tarte chocolat noix et noisettes**. Il suffit de remplacer les 150 g de noisettes par 75 g de noisettes et 75 g de noix concassées.

# Tarte aux noix de pécan

**PRÉPARATION** 15 MIN I **CUISSON** 50 MIN I **COÛT** ★★ I **DIFFICULTÉ** ★

→ 100 % AMÉRICAIN, CE DÉLICIEUX DESSERT SE PRÉPARE AVEC DU SIROP D'ÉRABLE. SACHEZ QUE CETTE TARTE SE CONSERVE SANS SOUCI DEUX JOURS DANS UN ENDROIT FRAIS. IDÉAL POUR LES VACANCES EN FAMILLE OÙ CHACUN A UN PETIT CREUX À SON HEURE...

### Les ingrédients pour 6 personnes
- 1 pâte brisée
- 90 g de beurre
- 5 œufs
- 80 g de sucre roux
- 1 cuil. à soupe de farine
- 30 cl de sirop d'érable
- 250 g de noix de pécan
- 1 noisette de beurre pour le moule

**1** Préchauffez le four à 200 °C (th. 6-7). Étalez la pâte dans un moule à tarte beurré. Piquez le fond à l'aide d'une fourchette et réservez au frais. Faites fondre le beurre au micro-ondes et laissez-le refroidir quelques instants.

**2** Dans un saladier, battez à l'aide d'un fouet les œufs entiers avec le sucre roux et la farine. Mélangez bien afin d'éviter les grumeaux. Ajoutez le sirop d'érable et le beurre fondu tiède. Mélangez à nouveau.

**3** Déposez les noix de pécan sur le fond de tarte, en les superposant un peu si le diamètre de votre moule est petit, et nappez le tout avec la sauce au sirop d'érable.

**4** Faites cuire au four 50 min. Baissez la température du four à 180 °C (th. 6) au bout de 25 min.

**Astuces_** • La tarte aux noix de pécan est cuite lorsque la sauce au sirop d'érable a pris.
• Si vous ne trouvez pas de sirop d'érable, sachez que vous pouvez le remplacer par de la sauce pour pancakes (30 cl) et 4 cuil. à soupe de caramel liquide tout prêt.

## la botte secrète d'aude et leslie
Avec une boule de glace au caramel posée sur chaque part, c'est un régal !

## le verre de vin qui va bien
Équilibrez la richesse de cette tarte aux noix de pécan avec un vin blanc original et délicieux, le retsina, produit sur l'île de Crète.

# Tarte sablée aux fraises

**PRÉPARATION** 20 MIN | **CUISSON** 10 MIN | **COÛT** ★★ | **DIFFICULTÉ** ★

**1** Préchauffez le four à 200 °C (th. 6-7). Étalez la pâte dans un moule à tarte beurré. Piquez le fond à l'aide d'une fourchette et faites cuire au four 15 min. Faites fondre le beurre au micro-ondes et laissez-le refroidir quelques instants.

**2** Pendant ce temps, dans un saladier, mélangez le sucre avec la farine et la poudre d'amandes. Dans un bol, battez les œufs entiers avec le beurre tiède. Ajoutez les œufs battus dans le saladier et mélangez. Versez cette préparation sur le fond de tarte et faites cuire au four 10 min.

**3** Pendant ce temps, lavez les fraises, coupez-en les queues et séchez-les. À la sortie du four, laissez bien refroidir la pâte. Puis disposez les fraises sur le fond de pâte refroidi.

### Les ingrédients pour 6 personnes

- 1 pâte sablée
- 100 g de beurre
- 100 g de sucre en poudre
- 30 g de farine
- 100 g d'amandes en poudre
- 2 œufs
- 750 g de fraises
- 1 noisette de beurre pour le moule

**Astuces_** • Vous pouvez parfumer votre crème d'amandes avec 1 bouchon de rhum ambré. • Pensez à accompagner votre tarte d'un coulis de fraise. • Pour soigner la présentation, choisissez de faire des tartelettes et saupoudrez-les de sucre glace.

**Pour varier_** **Tarte aux fraises et aux figues.** Dans ce cas-là, prévoyez 500 g de fraises et 10 figues fraîches. Pelez les figues et coupez-les en rondelles que vous intercalerez entre les fraises. **Tarte aux fraises minute.** Étalez la pâte dans un moule à tarte beurré. Piquez le fond à l'aide d'une fourchette et faites cuire au four 20 min jusqu'à ce qu'elle soit bien cuite. Badigeonnez le fond de tarte de gelée de framboise puis ajoutez les fraises lavées, équeutées et séchées. Servez immédiatement avec une noix de crème fraîche.

tartes sucrées

# Tarte meringuée à la rhubarbe et à la framboise

**PRÉPARATION** 25 MIN | **CUISSON** 20 MIN | **COÛT** ★★ | **DIFFICULTÉ** ★★★

**1** Préchauffez le four à 180 °C (th. 6). Étalez la pâte dans un moule à tarte beurré. Piquez le fond à l'aide d'une fourchette et faites cuire au four 10 min.

**2** Épluchez la rhubarbe en ôtant la membrane qui recouvre les tiges et coupez-la en petits tronçons. Dans une casserole, portez à ébullition 2 verres d'eau avec les 3/4 du sucre en poudre (150 g). Ajoutez la rhubarbe en morceaux et laissez cuire à feu doux 12 à 15 min environ.

**3** Lavez et séchez les framboises sur du papier absorbant. Saupoudrez-les du reste de sucre (50 g). Égouttez bien la rhubarbe et répartissez-la sur le fond de tarte précuit. Ajoutez les framboises sucrées par-dessus et faites cuire au four 10 min environ.

**4** Pendant ce temps, préparez la meringue. Mettez une pincée de sel dans les blancs d'œufs, et en battant avec un fouet, montez les blancs en neige bien fermes. Puis ajoutez petit à petit le sucre en poudre (150 g) en continuant à battre.

**5** Sortez la tarte du four puis répartissez la meringue dessus en formant des vagues. Faites cuire à nouveau en baissant la température du four à 150 °C (th. 5) pendant 10 min, jusqu'à ce que la meringue commence à dorer.

### Les ingrédients pour 6 personnes

*Pour la tarte*
1 pâte sablée
500 g de tiges de rhubarbe
200 g de sucre en poudre
250 g de framboises
1 noisette de beurre pour le moule

*Pour la meringue*
4 blancs d'œufs
1 pincée de sel
150 g de sucre en poudre

---

**Astuces_** • Sachez que vous pouvez utiliser de la rhubarbe et des framboises surgelées.
• Pour une version simplifiée, supprimez la meringue et servez cette tarte telle quelle accompagnée de tranches de pain d'épices toastées ou d'une boule de sorbet à la framboise.

## le truc de stéphan

Pour réussir la meringue, mettez toutes les chances de votre côté : utilisez des œufs extra-frais, placés au réfrigérateur 24 h avant d'être utilisés, évitez de mettre du jaune dans les blancs, et battez-les dans un saladier propre, froid et bien sec.

tartes sucrées

# Tarte au citron toute simple de Dom'

**PRÉPARATION** 10 MIN **I CUISSON** 25 MIN **I RÉFRIGÉRATION** 1 H **I COÛT** ★ **I DIFFICULTÉ** ★

**1** Préchauffez le four à 200 °C (th. 6-7). Étalez la pâte dans un moule à tarte beurré. Piquez le fond à l'aide d'une fourchette et réservez au frais. Faites fondre le beurre au micro-ondes et laissez-le refroidir quelques instants.

**2** Râpez le zeste du citron à l'aide d'une râpe puis pressez le citron pour en récupérer le jus. Dans un saladier, battez, à l'aide d'un fouet, le sucre, l'œuf et le beurre fondu. Ajoutez le zeste râpé et le jus de citron. Mélangez bien.

**3** Versez la préparation au citron sur le fond de tarte. Faites cuire au four 25 min environ. Laissez refroidir environ 15 min avant de mettre la tarte au réfrigérateur (1 h à peine). Servez frais.

### Les ingrédients pour 6 personnes

- 1 pâte sablée
- 60 g de beurre
- 1 citron non traité
- 150 g de sucre en poudre
- 1 œuf
- 1 noisette de beurre pour le moule

---

**Pour varier_ Tarte au citron meringuée.** La recette de la meringue est donnée dans la recette de la tarte meringuée à la rhubarbe et à la framboise (page 84) : profitez-en !
**Tarte mi-orange mi-citron.** Il suffit de précuire la pâte 10 min environ. Ajoutez ensuite 3 cuil. à soupe de marmelade d'orange sur le fond de tarte précuit avant d'ajouter la préparation au citron.

## la botte secrète d'aude et leslie

Pensez à décorer votre tarte au citron de zeste de citron vert râpé.
Vous pouvez aussi découper de très fines tranches de citron vert que vous poserez au centre de la tarte, en rosace.

# Tarte aux quetsches, spéculoos et cannelle

**PRÉPARATION** 15 MIN I **CUISSON** 30 MIN I **COÛT** ★★ I **DIFFICULTÉ** ★

1. Préchauffez le four à 210 °C (th. 7). Étalez la pâte dans un moule à tarte beurré. Piquez le fond à l'aide d'une fourchette et réservez au frais.

2. Lavez, coupez les quetsches en deux et ôtez les noyaux. Cassez les spéculoos en morceaux et passez-les au mixeur pour les réduire en miettes. Garnissez le fond de tarte de spéculoos émiettés. Disposez les demi-quetsches (côté chair vers le haut) en les serrant bien.

3. Dans un bol, mélangez le sucre avec la cannelle. Saupoudrez la tarte de ce mélange et faites cuire au four 30 min environ. Servez-la tiède ou froide.

Les ingrédients pour 6 personnes
1 pâte brisée
800 g de quetsches
100 g de spéculoos
80 g de sucre roux
2 pincées de cannelle en poudre
1 noisette de beurre pour le moule

---

Astuces_ • Votre tarte est prête quand les quetsches sont légèrement caramélisées.
• Sachez que vous pouvez réaliser cette recette avec des quetsches surgelées.
• Cette recette convient parfaitement à la réalisation de petites tartelettes.

## la botte secrète d'aude et leslie

Pour varier les saveurs, pensez à remplacer les spéculoos par 100 g d'amandes en poudre ou par 100 g de boudoirs passés au mixeur. Un véritable moment de bonheur !

# Tarte Tatin de mamie

**PRÉPARATION** 20 MIN | **CUISSON** 40 MIN | **COÛT** ★ | **DIFFICULTÉ** ★★ |
**MATÉRIEL SPÉCIFIQUE** 1 MOULE À BORD HAUT (TYPE TOURTIÈRE)

**1** Préchauffez le four à 240 °C (th. 8). Beurrez un moule à bord haut (type tourtière) et réservez. Déroulez la pâte en la laissant sur le papier sulfurisé et laissez-la reposer à température ambiante. Épluchez les pommes, évidez-les avec un vide-pomme ou un couteau et coupez-les en 4 quartiers environ.

**2** Pour le caramel, faites fondre, dans une casserole à feu doux, la moitié du sucre (50 g) avec 3 cuil. à soupe d'eau, le jus de citron puis les 2 tiers du beurre en morceaux (40 g). Mélangez bien jusqu'à l'obtention d'un caramel blond et lisse, puis versez le caramel rapidement dans le moule pour éviter qu'il ne se fige.

**3** Ajoutez les quartiers de pommes, côté bombé contre le caramel, en laissant un espace entre les pommes et le bord du moule. Ajoutez le reste du beurre (20 g), l'autre moitié du sucre (50 g) et le sucre vanillé.

**4** Étalez la pâte sur les pommes et aplatissez-la pour qu'elle adhère bien et qu'elle prenne la forme des pommes. Puis recourbez les bords à l'intérieur. Faites cuire au four 40 min environ. À la sortie du four, attendez 30 secondes avant de retourner la tarte sur un plat pour la démouler. Servez votre tarte Tatin tiède.

**Les ingrédients pour 6 personnes**
1 pâte brisée toute prête
8 pommes
100 g de sucre en poudre
1 cuil. à soupe de jus de citron
60 g de beurre
1 sachet de sucre vanillé
1 noisette de beurre pour le moule

**Astuces_** • Au moment du démoulage, n'attendez pas trop car le caramel colle au moule en refroidissant. Si c'est le cas, remettez votre tarte Tatin au four 5 min afin que le caramel se fluidifie. • Pour une version encore plus caramélisée, saupoudrez la tarte de sucre roux et repassez-la quelques minutes sous le gril du four.

## la botte secrète d'aude et leslie

Essayez cette recette en remplaçant le beurre par du beurre salé.
Pour une dégustation top, servez la tarte accompagnée de crème fraîche épaisse.

## le truc de stéphan

Le choix des pommes est important pour cette recette.
Essayez la reine des reinettes, la belle de boskoop ou encore la pink lady.

# Tartes fines pommes, poires et anis étoilé

**PRÉPARATION** 15 MIN I **CUISSON** 12 MIN I **COÛT** ★★ I **DIFFICULTÉ** ★

→ UNE RECETTE GOURMANDE IDÉALE POUR SURVEILLER SA LIGNE INCOGNITO :
EN EFFET, LA PÂTE A ÉTÉ TROQUÉE CONTRE DES FEUILLES DE BRICK…
POUR UNE VERSION VRAIMENT LIGHT, ÉVITEZ LA SAUCE AU LAIT CONCENTRÉ SUCRÉ.

### Les ingrédients pour 6 personnes
- 6 feuilles de brick
- 30 g de beurre
- 6 cuil. à soupe de sucre roux
- 6 cuil. à soupe de noisettes en poudre
- 2 poires
- 2 pommes
- 6 cuil. à soupe de lait concentré sucré
- 6 anis étoilés (badiane)

**1** Préchauffez le four à 210 °C (th. 7). Détachez délicatement les feuilles de brick. Pliez chacune d'entre elles en 2 pour former une demi-lune puis de nouveau en 2 pour obtenir un quart de lune. Réservez les 6 fonds de tarte sur la plaque du four sortie et recouverte de papier sulfurisé.

**2** Faites fondre le beurre au micro-ondes et badigeonnez chaque fond de tarte de beurre fondu, à l'aide d'un pinceau alimentaire. Saupoudrez de sucre roux, puis de poudre de noisettes.

**3** Épluchez les poires et les pommes et coupez-les en fines lamelles. Déposez quelques lamelles de pommes et de poires en rosace sur chaque feuille de brick. Faites cuire au four 12 min environ.

**4** Pour la sauce, faites chauffer, dans une casserole à feu doux, le lait concentré sucré avec 5 cuil. à soupe d'eau. Ajoutez les anis étoilés. Hors du feu, laissez infuser 3 min environ.

**5** À la sortie du four, nappez vos tartes fines de sauce et répartissez les anis étoilés sur chacune d'entre elles.

**Astuces_** • Vous pouvez supprimer les pommes ; dans ce cas-là, comptez 4 poires. Vous pouvez aussi varier les fruits : pêche, abricot, banane… • Vous pouvez remplacer l'anis étoilé par une gousse de vanille fendue en 2 dans le sens de la longueur, ou par 3 pincées de cannelle en poudre.

## le verre de vin qui va bien
Soulignez les notes subtiles de cette tarte avec une bouteille de clairette-de-die bien fraîche.

tartes sucrées

## recettepourépater...
## Tartelettes sablées au café sauce chocolat

**PRÉPARATION** 25 MIN | **CUISSON** 1 H 10 | **COÛT** ★ | **DIFFICULTÉ** ★★ |
**MATÉRIEL SPÉCIFIQUE** 8 MOULES À TARTE INDIVIDUELS

→ CES TARTELETTES FERONT GRAND EFFET AUPRÈS DE VOS COPAINS. INRATABLES, ELLES FERONT L'UNANIMITÉ GRÂCE À CE SUBTIL MÉLANGE CAFÉ-CHOCOLAT.

1 Préchauffez le four à 180 °C (th. 6). Dans chaque pâte sablée, découpez 4 disques d'un diamètre légèrement supérieur à celui des moules. Étalez les 8 disques de pâte dans les moules individuels beurrés. Piquez le fond à l'aide d'une fourchette et faites cuire au four 10 min environ.

2 Préparez l'équivalent de 30 cl de café fort (3 petites tasses). Quand il est encore chaud, versez-le dans un saladier, ajoutez le sucre en morceaux et le beurre en tout petits morceaux et mélangez bien jusqu'à ce que le sucre et le beurre fondent.

3 Dans un autre saladier, battez les œufs entiers avec le sucre en poudre jusqu'à ce que le mélange blanchisse. Ajoutez le mélange café-beurre dans la préparation aux œufs. Mélangez à nouveau. Versez sur le fond de tarte précuit et faites cuire au four 1 h 10 à 90 °C (th. 3) jusqu'à ce que la crème au café ait pris. À la sortie du four, laissez bien refroidir.

4 Juste avant de servir, préparez la sauce au chocolat : dans une casserole à feu très doux, faites fondre le chocolat avec la crème liquide. Mélangez régulièrement jusqu'à l'obtention d'une sauce onctueuse. Démoulez vos tartelettes, saupoudrez-les de sucre glace, parsemez d'amandes effilées et servez-les immédiatement, accompagnées de la sauce au chocolat.

*Les ingrédients pour 8 personnes*

*Pour la tarte au café*
2 pâtes sablées
30 cl de café fort
4 morceaux de sucre
80 g de beurre
6 œufs
200 g de sucre en poudre
3 cuil. à soupe de sucre glace
6 cuil. à soupe d'amandes effilées
2 noisettes de beurre pour les moules

*Pour la sauce au chocolat*
200 g de chocolat noir
5 cuil. à soupe de crème liquide

---

Astuce_ Vous pouvez remplacer les amandes effilées par des noix de pécan.

# Tarte aux abricots et à la crème de noisette

**PRÉPARATION** 20 MIN | **CUISSON** 40 MIN | **COÛT** ★★ | **DIFFICULTÉ** ★

**1** Préchauffez le four à 210°C (th. 7). Étalez la pâte dans un moule à tarte beurré. Piquez le fond à l'aide d'une fourchette et faites cuire au four 10 min. Lavez et dénoyautez les abricots. Ramollissez le beurre au micro-ondes pour obtenir du beurre pommade.

**2** Dans un saladier, battez à l'aide d'un fouet le beurre ramolli avec la farine, la poudre de noisettes, le sucre en poudre et le sucre vanillé. Mélangez bien. Ajoutez successivement et mélangez après chaque ajout : les œufs entiers un à un, puis le miel et enfin le rhum. Mélangez à nouveau.

**3** Répartissez les demi-abricots sur le fond de tarte précuit en les serrant bien. Puis versez la crème à la noisette de façon à recouvrir les abricots. Faites cuire au four 40 min environ. À la sortie du four, laissez refroidir la tarte quelques instants avant de la démouler. Servez tiède ou froid.

**Les ingrédients pour 6 personnes**

- 1 pâte brisée
- 800 g d'abricots
- 140 g de beurre
- 3 cuil. à soupe de farine
- 100 g de noisettes en poudre
- 75 g de sucre en poudre
- 1 sachet de sucre vanillé
- 2 œufs
- 50 g de miel liquide
- 3 cuil. à soupe de rhum ambré (facultatif)
- 1 noisette de beurre pour le moule

**Astuce_** Si ce n'est plus la saison des abricots, pensez aux abricots au sirop ou aux abricots surgelés.

## le tuyau de laurence

Vous pouvez remplacer la poudre de noisettes par de la poudre d'amandes. Saupoudrez votre tarte d'amandes effilées grillées avant de servir.

# Salade tiède de fruits rouges au miel

**PRÉPARATION** 5 MIN | **CUISSON** 15 MIN | **COÛT** ★★ | **DIFFICULTÉ** ★

→ CETTE DÉLICIEUSE SALADE DE FRUITS ROUGES SE PRÉPARE EN UN TOUR DE MAIN…
VOUS N'AUREZ MÊME PAS BESOIN DE DÉCONGELER LES FRUITS.
POUR UN PETIT PLUS DÉCO, PENSEZ À SERVIR CETTE SALADE DE FRUITS
DANS DES VERRES TRANSPARENTS.

**1** Dans une poêle, faites chauffer à feu doux le miel avec le jus de citron. Ajoutez les fruits surgelés et mélangez délicatement pour ne pas les écraser. Laissez cuire 12 à 15 min à feu doux jusqu'à ce que les fruits soient bien décongelés et moelleux.

**2** Répartissez les fruits dans 4 assiettes creuses, bol ou verres, et nappez-les de sauce au miel. Ajoutez une boule de glace à la vanille au centre. Servez immédiatement.

**Les ingrédients pour 6 personnes**

8 cuil. à soupe de miel d'acacia
2 cuil. à soupe de jus de citron
750 g de fruits rouges
   et noirs mélangés surgelés
6 boules de glace à la vanille

---

**Pour varier_ Salade de pêches.** Épluchez 8 pêches, coupez-les en deux et ôtez le noyau. Ajoutez alors dans la sauce au miel 2 pincées de gingembre en poudre et 2 pincées de cannelle. De quoi titiller vos papilles !

## le truc de stéphan

Le gingembre frais se marie à merveille avec le miel. Pensez à ajouter 1 cuil. à café rase de gingembre haché en même temps que la sauce.

## le tuyau de laurence

Remplacez le jus de citron par 2 cuil. à soupe de pastis. Vous découvrirez que cette délicieuse note anisée se marie à merveille avec les fruits rouges.

# Salade d'oranges à la marocaine

**PRÉPARATION** 15 MIN | **COÛT** ★★ | **DIFFICULTÉ** ★

→ UNE SALADE DE FRUITS TRÈS RAFRAÎCHISSANTE, IDÉALE À LA FIN D'UN REPAS COPIEUX. L'ALLIANCE ENTRE LES ORANGES, LA CANNELLE ET L'EAU DE FLEUR D'ORANGER VOUS PROJETTERA AU CŒUR DE LA MÉDINA EN QUELQUES BOUCHÉES.

**1** Coupez les dattes en petits morceaux et mettez-les avec les raisins secs dans l'eau de fleur d'oranger 10 min environ pour faire mariner.

**2** Pendant ce temps, pelez les oranges à vif en enlevant la peau blanche puis découpez-les en fines tranches. Déposez-les dans un grand plat creux.

**3** Ajoutez les dattes, les raisins secs et l'eau de fleur d'oranger dans le plat. Puis saupoudrez de cannelle et mélangez bien. Parsemez d'amandes effilées juste avant de servir.

**Les ingrédients pour 6 personnes**
16 dattes
4 cuil. à soupe de raisins secs
4 cuil. à soupe d'eau de fleur d'oranger
8 oranges
8 pincées de cannelle en poudre
2 cuil. à soupe d'amandes effilées

**Astuce_** Pour peler une orange à vif, commencez par enlever le haut et le bas de l'orange en coupant un peu dans la pulpe du fruit. Posez-la ensuite sur l'une de ses bases et enlevez la peau en mordant dans la chair, à l'aide d'un couteau.

**Pour varier_** Pour une version alcoolisée, remplacez l'eau de fleur d'oranger par 2 cuil. à soupe de Cointreau ou de rhum.

## la botte secrète d'aude et leslie
Pour un petit plus déco, servez cette salade dans un grand saladier transparent que vous aurez tapissé de rondelles d'orange et parsemez le tout de feuilles de menthe.

## le tuyau de laurence
Si vous n'avez pas de dattes dans vos placards, vous pouvez utiliser des pruneaux ou des figues séchées.

## le verre de vin qui va bien
Accompagnez cette succulente salade d'un petit verre de liqueur de mandarine Impériale. À savourer lors de vos belles soirées d'été.

salades sucrées

# Salade de pêches, pastèque, melons et pineau

**PRÉPARATION** 30 MIN | **RÉFRIGÉRATION** 30 MIN | **COÛT** ★★★ | **DIFFICULTÉ** ★★ |
**MATÉRIEL SPÉCIFIQUE** 1 CUILLÈRE À POMME PARISIENNE (POUR FORMER LES BILLES DE FRUITS)

**1** Coupez les melons et la pastèque en deux et retirez-en les pépins. Puis recoupez chaque moitié en deux de façon à obtenir 4 gros quartiers. Creusez ensuite les billes dans la chair à l'aide d'une cuillère à pomme parisienne. Mettez les billes de pastèque dans une passoire pour les égoutter et réservez les billes de melon au frais.

**2** Épluchez les pêches, les nectarines et les bananes. Coupez-les en morceaux. Puis arrosez-les de jus de citron pour éviter que les fruits ne noircissent.

**3** Dans un saladier, versez le sucre et le pineau. Mélangez bien et ajoutez la totalité des fruits. Mélangez à nouveau. Placez au réfrigérateur et laissez macérer jusqu'au moment de servir (20 à 30 min environ).

### Les ingrédients pour 8 personnes
- 2 melons
- 1 pastèque
- 3 pêches blanches
- 3 nectarines
- 2 bananes
- le jus de 1 citron
- 150 g de sucre en poudre
- 30 cl de pineau des Charentes

Astuce_ Si vous n'avez pas de cuillère à pomme parisienne, découpez les melons et la pastèque en cubes.

Pour varier_ Cette salade haute en couleurs s'adapte à beaucoup de fruits. Laissez libre cours à vos envies : raisin, fraise, mangue, abricot, framboise... Vous pouvez aussi la décorer d'une grappe de groseilles ou de pistaches décortiquées et non salées.

## la botte secrète d'aude et leslie
Pour une version non alcoolisée, troquez la sauce au pineau contre le jus de 1 citron, le jus de 1 orange et 1 sachet de sucre vanillé. Sucrez ensuite la salade selon vos goûts.

salades sucrées 103

# Salade de fruits exotiques au caramel

**PRÉPARATION** 30 MIN | **COÛT** ★★ | **DIFFICULTÉ** ★★

**1** Épluchez et coupez les mini-bananes en deux. Égouttez les litchis. Épluchez les kiwis et coupez-les en rondelles. Rincez les framboises à l'eau claire et séchez-les sur du papier absorbant. Ôtez la peau des mangues à l'aide d'un couteau puis découpez des lamelles le long du noyau. Réservez.

**2** Tranchez les deux extrémités de l'ananas puis coupez-le en 4 dans le sens de la longueur pour former 4 quartiers. Éliminez la partie dure centrale (la pointe en triangle de chaque quartier) puis ôtez l'écorce à l'aide d'un couteau. Coupez ensuite la pulpe en morceaux.

**3** Répartissez les fruits sur 6 assiettes à dessert ou dans des verres transparents. Coupez les fruits de la passion en deux. Récupérez les graines et le jus à l'aide d'une petite cuillère et répartissez-les sur chaque assiette de fruits.

**4** Pour le caramel, faites chauffer le sucre avec les 35 cl d'eau (environ 2 petits verres à moutarde) dans une casserole à feu doux. Quand le mélange commence à blondir, ajoutez la moitié du jus de citron. Mélangez sans cesse. Puis ajoutez le beurre coupé en petits morceaux. Mélangez à nouveau jusqu'à ce que le beurre soit totalement fondu. Ajoutez le gingembre et l'autre moitié du jus de citron. Mélangez jusqu'à l'obtention d'un caramel bien lisse.

**5** Versez le caramel sur les fruits et servez immédiatement.

### Les ingrédients pour 6 personnes

*Pour la salade*

6 mini-bananes

1 petite boîte de litchis au sirop

4 kiwis

125 g de framboises

1 mangue

1 ananas

4 fruits de la passion (facultatif)

*Pour le caramel*

250 g de sucre en poudre

35 cl d'eau

le jus de 1 citron

120 g de beurre

6 pincées de gingembre en poudre

**Astuce_** Pour laver votre casserole de caramel en un tour de main, remplissez-la d'eau bouillante en grattant le fond à l'aide d'une cuillère en bois.

## la botte secrète d'aude et leslie

Pour une note encore plus exotique, pensez à décorer chaque part d'un amour-en-cage (physalis) et d'une ou deux rondelles de carambole (fruit en forme d'étoile).

# Salade minute poires et dattes

PRÉPARATION 10 MIN I COÛT ★ I DIFFICULTÉ ★

→ VOICI LA RECETTE IDÉALE POUR LES COPAINS QUI DÉBARQUENT À L'IMPROVISTE. PENSEZ À TOUJOURS AVOIR SOUS LA MAIN QUELQUES DATTES, NOIX ET NOISETTES : CES FRUITS SECS SE CONSERVENT TRÈS LONGTEMPS ET DEVIENDRONT LES ALLIÉS DE VOS RECETTES DU PLACARD. EN 10 MIN TOP CHRONO, VOUS RÉALISEREZ UN DESSERT AUSSI BLUFFANT QUE DÉLICIEUX.

**1** Épluchez les poires et coupez-les en morceaux. Coupez les dattes en petits morceaux. Concassez les noisettes et les noix dans un mortier.

**2** Répartissez les poires dans 4 coupelles. Arrosez-les de jus de citron, saupoudrez-les légèrement de sucre vanillé puis ajoutez sur le dessus les dattes, les noix et les noisettes. Servez immédiatement.

### Les ingrédients pour 4 personnes
- 5 poires mûres
- 12 dattes
- 1 poignée de noix
- 1 poignée de noisettes
- 2 cuil. à soupe de jus de citron
- 1 sachet de sucre vanillé

---

**Astuce_** Si vous n'avez pas de mortier, vous pouvez concasser les noix et les noisettes en les écrasant avec le manche d'un couteau ou en les enveloppant dans un torchon et en les concassant ensuite à l'aide d'un petit marteau.

---

**Pour varier_** Remplacez les poires par des pommes, les dattes par des figues séchées et le duo noix et noisettes par des noix de pécan.

## la botte secrète d'aude et leslie
Cette salade est encore plus savoureuse accompagnée d'un coulis de chocolat, d'un filet de caramel ou de miel liquide.

## le truc de stéphan
Pour cette recette, choisissez des poires conférence ou passe-crassanne.

# Salade tiède de pommes et poires super-light

**PRÉPARATION** 10 MIN | **CUISSON** 10 MIN | **COÛT** ★ | **DIFFICULTÉ** ★

→ UNE RECETTE TRÈS SIMPLE À RÉALISER POUR UN MINIMUM DE CALORIES. À BREVETER DE TOUTE URGENCE AUPRÈS DES GOURMANDS QUI SURVEILLENT LEUR LIGNE.

1. Épluchez les pommes et les poires et coupez-les en morceaux. Faites chauffer 50 cl d'eau à la bouilloire.

2. Versez l'eau bouillante dans une casserole. Ajoutez les sachets de tisane et laissez-les infuser 3 ou 4 min. Puis ajoutez les fruits en morceaux, l'édulcorant et la moitié de la cannelle. Mélangez.

3. Faites chauffer la casserole à couvert et à feu doux 10 min environ : vous obtenez ainsi des fruits pochés. Répartissez les fruits dans 4 verres transparents. Versez le jus de cuisson par-dessus et saupoudrez le tout du reste de cannelle en poudre.

### Les ingrédients pour 4 personnes
- 4 pommes
- 4 poires
- 50 cl d'eau
- 3 sachets de tisane verveine-menthe
- 3 cuil. à soupe d'édulcorant
- 1 cuil. à soupe de cannelle en poudre

**Astuces_** • Pour cette recette, choisissez des pommes adaptées : belle de boskoop, jonagold ou pink lady. • Pour gagner du temps, lavez bien les pommes et coupez-les en morceaux sans les éplucher.

## la botte secrète d'aude et leslie

Pour une présentation qui change, pensez à servir ce dessert light dans des pots de yaourt en verre (type La Laitière) et décorez chaque pot d'un bâton de cannelle.

# je veux en savoir plus !

FARINER VOTRE ROULEAU À PÂTISSERIE / LA PÂTE BRISÉE / au dernier moment / badigeonnez / mixeur / une poêle antiadhésive / je veux la technique ! / ÉVITER LES PÂTES MOLLES / mélangez bien / dans une petite casserole à feu doux / triez soigneusement / qualités nutritives / pour que les bords de vos tartes soient bien dorés / VERRE MESUREUR / LA GARNITURE / spatules / 1 verre à liqueur = 3 cl / four à chaleur tournante / CONSERVATION OPTIMALE / cuire à blanc / moules à tarte de 23 à 28 cm / À GARDER SOUS LE COUDE / pinceau alimentaire / 1 pincée de sel / bien doser / couteau économe / PÂTE À TARTE AU PARMESAN / dans le placard / UN PUITS AU CENTRE DE LA FARINE TAMISÉE / ET COUPEZ FINEMENT / équivalences / rattraper vos vinaigrettes / préchauffage

# Je veux la technique !
## Comment faire sa pâte à tarte ?

→ Voici les recettes simples qui vous permettent de réaliser vous-même vos pâtes à tarte, et de pouvoir ainsi les personnaliser en réalisant des pâtes à tarte parfumées. Sachez qu'il existe aussi des pâtes à tarte toute faites que l'on peut acheter au rayon frais.

Ces recettes sont toutes prévues pour des moules à tarte de 23 à 28 cm de diamètre. Si votre moule est plus petit, pensez à congeler la pâte restante ou à réaliser des tartelettes.

### La pâte brisée

**PRÉPARATION** 10 MIN
**RÉFRIGÉRATION** 30 MIN

**Les ingrédients**

250 g de farine
1 pincée de sel
125 g de beurre ramolli
2 à 3 cuil. à soupe d'eau
un peu de farine pour le plan de travail

**1** Faites passer ensemble la farine et le sel dans une passoire fine au-dessus d'un saladier. Avec vos doigts, faites un puits au centre de la farine tamisée et ajoutez le beurre coupé en morceaux. Malaxez le tout jusqu'à l'obtention de grosses miettes.

**2** Faites à nouveau un puits avec vos doigts dans le mélange obtenu. Versez-y l'eau. Pétrissez la pâte rapidement du bout des doigts pour obtenir une boule de pâte ferme.

**3** Sur un plan de travail fariné, écrasez la pâte avec la paume de votre main pour l'aplatir. Reformez-la en boule. Puis répétez l'opération une nouvelle fois. Enveloppez la boule de pâte dans un film alimentaire. Mettez-la au réfrigérateur 30 min environ puis laissez-la reposer à température ambiante pendant 15 min avant de l'étaler avec un rouleau à pâtisserie fariné pour faire votre tarte.

## La pâte sablée

**PRÉPARATION** 15 MIN
**RÉFRIGÉRATION** 30 MIN

**Les ingrédients**
1 œuf entier
1 pincée de sel
125 g de sucre en poudre
250 g de farine
1/2 cuil. à café d'extrait naturel de vanille
125 g de beurre ramolli
un peu de farine pour le plan de travail

1. Dans un saladier, cassez l'œuf entier. Ajoutez le sel et le sucre. Battez le mélange en omelette à l'aide d'un fouet, jusqu'à l'obtention d'un mélange mousseux. Faites passer la farine dans une passoire fine au-dessus d'un saladier. Ajoutez l'extrait de vanille.

2. Pétrissez la pâte du bout des doigts pour obtenir un sable grossier. Ajoutez le beurre ramolli et pétrissez-la à nouveau.

3. Sur un plan de travail fariné, écrasez la pâte avec la paume de votre main pour l'aplatir. Reformez-la en boule. Puis répétez l'opération une nouvelle fois. Enveloppez la boule de pâte dans un film alimentaire. Mettez-la au réfrigérateur 30 min environ puis laissez-la reposer à température ambiante pendant 15 min avant de l'étaler avec un rouleau à pâtisserie fariné pour faire votre tarte.

**Astuce_** Sachez que vous pouvez remplacer le sucre en poudre par la même quantité de sucre glace.

## La pâte qui change aux spéculoos

**PRÉPARATION** 15 MIN
**RÉFRIGÉRATION** 30 MIN

**Les ingrédients**
125 g de beurre
250 g de spéculoos
1 cuil. à soupe de sucre en poudre

1. Faites fondre le beurre au micro-ondes. Cassez les spéculoos en petits morceaux et passez-les au mixeur.

2. Dans un saladier, mélangez les spéculoos en poudre avec le sucre. Avec vos doigts, faites un puits au centre et versez-y le beurre fondu. Mélangez bien à l'aide d'une cuillère en bois jusqu'à l'obtention d'une pâte homogène.

3. Beurrez généreusement votre moule à tarte et étalez la pâte sur le fond et les bords du moule. Mettez-la au réfrigérateur 30 min environ. Vous n'aurez plus qu'à ajouter votre garniture avant de mettre au four.

4. À la sortie du four, laissez-la refroidir quelques instants puis servez-la telle quelle sans la démouler.

**Astuce_** Cette pâte peut être réalisée en version salée. Dans ce cas-là, utilisez des biscuits salés et remplacez le sucre en poudre par 1 pincée de sel.

je veux la technique !

## Les pâtes à tarte parfumées

→ On peut ajouter aux pâtes différents ingrédients : des fruits secs, de la poudre d'amandes ou de noisettes, de la noix de coco râpée, du cacao ou même quelques pincées de gingembre en poudre.
À chaque fois, il suffit de rajouter ces ingrédients en même temps que la farine. Ainsi, pour une pâte à tarte au chocolat, rajoutez 60 g de cacao en poudre en même temps que la farine.

Pour vos tartes salées, pensez à la pâte à tarte au parmesan en rajoutant dans votre pâte brisée 3 cuil. à soupe de parmesan râpé en même temps que la farine. Pour une pâte à tarte aux fines herbes, rajoutez dans votre pâte brisée en même que la farine 2 cuil. à soupe de basilic haché et 2 cuil. à soupe de ciboulette hachée.

## Tout savoir sur les tartes

### Bien doser
Quand la pâte vous paraît trop sèche, ajoutez 1 cuil. à soupe d'eau.
Au contraire, quand elle est trop collante, ajoutez 1 cuil. à soupe de farine. N'oubliez pas de fariner votre rouleau à pâtisserie pour éviter que la pâte n'adhère au rouleau.

### Conserver
Vos pâtes à tarte se conservent sans souci 2 à 3 jours au réfrigérateur, et 3 mois au congélateur. Si vous utilisez des pâtes surgelées, pensez à les décongeler la veille pour le lendemain.

### Réussir la cuisson à blanc
Cuire à blanc consiste à pré-cuire la pâte avant d'ajouter la garniture. Pour cela, il suffit de piquer légèrement la pâte sur toute sa surface à l'aide d'une fourchette puis de la tapisser d'une feuille de papier d'aluminium. Couvrez la feuille de papier aluminium de légumes secs (des haricots par exemple) pour empêcher la pâte de gonfler. Comptez en général 10 à 15 min de cuisson à 180 °C ou 210 °C (selon les recettes).

### Éviter les pâtes molles
Pour éviter que la garniture, et notamment le jus des fruits, ne détrempe votre pâte à tarte, saupoudrez la pâte de poudre d'amandes, de noisettes ou de sucre glace avant de disposer les fruits. Pour les versions salées, parsemez le fond de tarte avec de la chapelure ou du parmesan râpé.

### Éviter tout débordement...
Sachez que la garniture gonfle lors de la cuisson. Ainsi ne garnissez pas trop vos fonds de tartes : lorsque vous ajouterez la garniture, arrêtez-vous à 1 cm du bord.

### Plus de saveur
Pour rehausser le goût de vos tartes, vous pouvez tartiner vos fonds de tarte avant d'y déposer la garniture.
Tartinez vos tartes salées de moutardes parfumées, de tapenade, d'anchoïade, de confit d'oignon, de chutney de mangue...
Tartinez vos tartes sucrées de confiture, de marmelade, de gelée de fruits,

de Nutella, de sucre glace, de poudre d'amandes ou de noisettes...

### Plus de couleur

• Pour que les bords de vos pâtes à tartes soient bien dorés, pensez à les badigeonner à l'aide d'un pinceau alimentaire d'un peu de jaune d'œuf battu avant de mettre la tarte au four.

• Pour donner une jolie couleur à vos fruits, badigeonnez-les à l'aide d'un pinceau alimentaire de gelée ou de marmelades de fruits. Pour cela, il suffit de faire chauffer la confiture quelques instants dans une petite casserole à feu doux ou au micro-ondes pour la liquéfier avant d'y tremper votre pinceau.

**3** Décollez la galette ainsi dorée à l'aide d'une spatule, et mettez-la aussitôt sur un rouleau à pâtisserie pour lui donner sa forme de tuile ; en refroidissant, elle gardera cette forme. Déposez les tuiles de parmesan sur votre salade ou sur votre tarte juste avant de servir.

## Confectionner des tuiles au parmesan

→ Voici de quoi satisfaire les pupilles et les papilles de vos convives. Déposez ces tuiles au parmesan sur vos tartes ou vos salades : un délice !

**Les ingrédients pour 6 tuiles**
100 g de parmesan râpé
1 cuil. à soupe de farine
poivre

**1** Faites chauffer une poêle antiadhésive. Dans un saladier, mélangez le parmesan râpé et la farine. Poivrez.

**2** Versez 1 cuil. à soupe du mélange dans la poêle, et étalez en rond : le parmesan fond et le mélange blondit. Laissez dorer 10 secondes la petite crêpe.

je veux la technique ! 115

# La salade de l'achat à l'assiette

## Acheter une salade
Une belle salade savoureuse se reconnaît à sa fraîcheur et à sa couleur. Ses feuilles doivent être croquantes. Fuyez les salades flétries et sachez qu'un trognon noirci ou tacheté est mauvais signe.

## Préparer une salade
Commencez par ôter les premières feuilles. Puis triez soigneusement les feuilles, en les détachant les unes des autres et en enlevant les parties abîmées ou flétries. Lavez ensuite votre salade dans de l'eau froide vinaigrée pour éliminer les éventuels insectes. Changez l'eau plusieurs fois si nécessaire. Sachez qu'il ne faut pas laisser tremper la salade trop longtemps, elle risquerait de perdre ses qualités nutritives et de se ramollir. Quand les feuilles sont nettoyées, passez-les dans une essoreuse.

## Conserver une salade
Il suffit de déposer les feuilles nettoyées et essorées dans un sac plastique que vous placerez dans le bac à légumes du réfrigérateur. Pour une conservation optimale, pensez à envelopper vos feuilles de salade dans un torchon humide plutôt que dans un sac plastique.

## Assaisonner au bon moment
Sachez qu'il faut toujours mélanger la salade au dernier moment, sinon la vinaigrette a tendance à « cuire » les feuilles. En revanche, pour toutes vos salades à base de riz, pâtes, semoule, blé ou pommes de terre, mélangez-les à l'avance pour que tous les ingrédients s'imprègnent bien de vinaigrette. Quant aux fines herbes qui complètent l'assaisonnement (persil, cerfeuil, menthe, basilic, estragon), coupez-les au dernier moment pour qu'elles conservent toutes leurs saveurs et leur couleur.

## Réussir la vinaigrette
Pour réussir votre vinaigrette à tous les coups, faites toujours dissoudre le sel dans le vinaigre avant d'ajouter la moutarde, l'huile et le reste des ingrédients.

## Gagner du temps
Pensez à préparer votre vinaigrette à l'avance en grande quantité. Vous pouvez alors la conserver dans une bouteille ou un bocal au réfrigérateur. Juste avant de servir, il vous suffira de secouer énergiquement la vinaigrette avant de la verser sur votre salade.

## Plus de saveur
Les huiles fruitées (noix, noisettes et sésame) s'accordent mieux avec des vinaigres doux (cidre et vin blanc) ou du jus de citron alors que les huiles neutres (maïs, tournesol ou soja) se marient à merveille avec des vinaigres plus relevés (xérès ou vieux vins) mais aussi avec de la moutarde et des épices.

## Plus de couleur
Pour vos salades sucrées, pensez à arroser vos fruits épluchés et coupés en morceaux de jus de citron pour éviter qu'ils ne noircissent.

# Quelques idées de vinaigrettes...

## La vinaigrette classique

2 cuil. à soupe de vinaigre de vin rouge

sel et poivre

1 cuil. à café de moutarde forte

6 cuil. à soupe d'huile d'olive

Mélangez le vinaigre avec le sel et le poivre dans un bol. Puis ajoutez la moutarde et l'huile d'olive. Mélangez bien.

## La vinaigrette méditerranéenne

6 feuilles de basilic

10 olives noires dénoyautées

1 gousse d'ail

2 cuil. à soupe de vinaigre de vin blanc - sel et poivre

2 cuil. à soupe de jus de citron

20 cl d'huile d'olive

1 cuil. à soupe d'origan haché

Lavez et coupez finement le basilic. Coupez les olives en tout petits morceaux. Épluchez la gousse d'ail. Ôtez le germe s'il y en a un puis hachez la gousse. Dans un bol, mélangez le vinaigre avec le sel et le poivre. Ajoutez le jus de citron et l'huile d'olive. Puis incorporez les olives, le basilic coupé, l'ail et l'origan.

## La vinaigrette exotique

3 branches de coriandre

3 cm de racine de gingembre

2 cuil. à soupe de sauce soja

4 cuil. à soupe d'huile d'olive

le jus de 1 citron vert

1/4 de cuil. à café de raifort (wasabi)

Lavez et coupez finement la coriandre. Pelez et râpez le gingembre sur les gros trous d'une râpe. Dans un saladier, versez la sauce soja, l'huile d'olive, le jus de citron, le wasabi. Mélangez bien. Puis ajoutez la coriandre coupée et le gingembre râpé.

## La vinaigrette qui change

50 g de noisettes

30 g de cacahuètes

2 cuil. à soupe de vinaigre de vin blanc - sel et poivre

2 cuil. à soupe d'huile d'olive

2 cuil. à soupe d'huile de noisette

Concassez les noisettes et les cacahuètes dans un mortier ou à l'aide du manche d'un couteau. Dans un saladier, mélangez le vinaigre avec le sel et le poivre. Ajoutez les huiles (olive et noisette). Mélangez bien l'ensemble.

# Rattraper vos vinaigrettes

## Votre vinaigrette vous paraît trop fade

Pour la relever, ajoutez au choix des oignons, des échalotes ou de l'ail finement hachés. 1 cuil. à café de gingembre frais râpé ou 3 pincées de piment d'Espelette pourront aussi faire l'affaire. Sinon, pensez aux fines herbes coupées, notamment ciboulette et estragon. Et pour des saveurs exotiques, ajoutez quelques gouttes de sauce soja et de tabasco ou quelques pincées de cumin en grains.

## Vous avez mis trop de vinaigrette dans votre salade

Pour réparer les dégâts, déposez un ou deux gros morceaux de mie de pain dans le fond du saladier. Attendez quelques instants jusqu'à ce qu'ils aient absorbé l'excès de sauce, et retirez-les.

# À garder sous le coude

## s'en sortir sans balance

→ Ce tableau vous donne les principales équivalences poids et volumes pour les ingrédients les plus courants.

| Ingrédients | 1 cuil. à café | 1 cuil. à soupe | 1 verre à moutarde |
|---|---|---|---|
| Beurre | 7 g | 20 g | — |
| Cacao en poudre | 5 g | 10 g | 90 g |
| Crème épaisse | 1,5 cl | 4 cl | 20 cl |
| Crème liquide | 0,7 cl | 2 cl | 20 cl |
| Farine | 3 g | 10 g | 100 g |
| Gruyère râpé | 4 g | 12 g | 65 g |
| Liquides divers (eau, huile, vinaigre, alcools) | 0,7 cl | 2 cl | 20 cl |
| Maïzena | 3 g | 10 g | 100 g |
| Poudre d'amandes | 6 g | 15 g | 75 g |
| Raisins secs | 8 g | 30 g | 110 g |
| Riz | 7 g | 20 g | 150 g |
| Sel | 5 g | 15 g | — |
| Semoule, couscous | 5 g | 15 g | 150 g |
| Sucre en poudre | 5 g | 15 g | 150 g |
| Sucre glace | 3 g | 10 g | 110 g |

## mesurer vos liquides

1 verre à liqueur = 3 cl
1 tasse à café = 8 à 10 cl
1 verre à moutarde = 20 cl
1 bol = 35 cl

## pour info

1 œuf = 50 g
noisette de beurre = 5 g
1 noix de beurre = 15 à 20 g

# bien régler son four

→ Pas facile de connaître la température dans un four ! Voici une table très simple à utiliser et valable pour la plupart des appareils vendus dans le commerce.

| Température | 30 | 60 | 90 | 120 | 150 | 180 | 210 | 240 | 270 |
|---|---|---|---|---|---|---|---|---|---|
| Thermostat | 1 | 2 | 3 | 4 | 5 | 6 | 7 | 8 | 9 |

→ Les temps de cuisson donnés dans les recettes peuvent varier légèrement selon les types d'appareils. En effet, dans un four à chaleur tournante, les plats cuisent de manière plus homogène et plus vite que dans les fours qui chauffent à partir d'une source (four à gaz, four électrique).

Rappelez-vous aussi que pour réaliser une bonne cuisson, un préchauffage est toujours nécessaire.

# les indispensables en cuisine

→ Pour cuisiner entre potes ou pour des potes sans souci, il faut avoir sous la main quelques produits tout simples, faciles à trouver.
Voici une petite liste de « basiques », grâce auxquels vous pourrez faire la grande majorité des recettes de cette collection.

## Dans le placard

### Épices
- Cannelle
- Coriandre
- Cumin
- Curry
- Gingembre
- Herbes de Provence
- Mélange aux 4 épices
- Noix de muscade
- Paprika
- Poivre du moulin et concassé
- Thym
- Vanille en gousse

### Liquides
- Huiles de tournesol, d'olive, de sésame et de noix
- Rhum (pour la pâtisserie)
- Vinaigres de vin, blanc, balsamique et de Xérès
- Vin rouge et blanc sec

## Condiments
- Moutarde forte et à l'ancienne
- Moutardes parfumées (à l'estragon, au poivre vert)
- Sauce pesto
- Sauce soja
- Sel fin et gros sel
- Tabasco
- Tapenade d'olives noires

## Et aussi
- Amandes effilées
- Anchois, thon et sardines à l'huile d'olive
- Bouillon cube
- Câpres
- Chocolat à cuire et chocolat en poudre
- Cornichons
- Farine
- Fruits secs (amandes, raisins, pignons, noisettes, abricots, figues)
- Lait de coco
- Levure chimique
- Maïzena
- Miel
- Olives en boîte
- Pâtes de toutes formes
- Poudre de noisettes et poudre d'amandes
- Riz rond et riz parfumé
- Semoule
- Sucre en poudre, sucre glace et sucre vanillé
- Tomates en boîte, concentrées et séchées en bocal

# Dans le réfrigérateur

## Légumes
- Ail
- Carottes
- Citrons
- Échalotes
- Oignons
- Pommes de terre
- Tomates

## Laitages et œufs
- Beurre
- Crème liquide
- Fromage frais
- Lait
- Œufs
- Parmesan

## Et aussi
- Feuilles de brick
- Pâtes à tarte (brisée, sablée, feuilletée)

# Dans le congélateur

## Herbes et épices hachées
- Aneth
- Basilic
- Ciboulette
- Coriandre
- Gingembre haché
- Persil

## Légumes
- Champignons de Paris
- Épinards
- Petits pois
- Tiges de citronnelles

## Et aussi
- Pâtes à tarte (brisée, sablée, feuilletée)

# avoir le bon matériel

→ Pas besoin de grand-chose pour faire de grandes recettes !
Voici une petite liste d'ustensiles à avoir dans la cuisine.

## Cuire
- Casseroles (une grande et une petite)
- Moules à tartes et à pâtisserie
- Marmite en fonte
- Plaque à rôtir
- Poêles à fond antiadhésif (une grande et une petite)
- Wok (éventuellement)

## Couper
- Aiguiseur à couteaux
- Couteau économe
- Gros couteau dit « éminceur »
- Petit couteau
- Petite planche à découper en plastique

## Mélanger
- Saladiers
- Cuillères en bois
- Fouet
- Spatules

## Divers
- Batteur électrique
- Essoreuse à salade
- Ficelle de cuisine
- Mixeur
- Passoires, ou chinois (une fine, une plus grosse)
- Rouleau à pâtisserie
- Verre mesureur

# Table des recettes

Retrouvez en couleur les « recettes pour épater ».

| | |
|---|---|
| CARPACCIO DE TOMATES, PIGNONS ET PARMESAN | **50** |
| CHICKEN CAESAR SALAD | **48** |
| COLE SLAW DE POULET AUX NOIX DE CAJOU | **56** |
| FLAMICHE AUX POIREAUX | **38** |
| LA SALADE QU'ON A PIQUÉE DANS UN RESTO NEW-YORKAIS | **67** |
| LÉGUMES GRILLÉS À L'ITALIENNE | **64** |
| PIE DE POULET AU CURRY | **44** |
| PISSALADIÈRE | **35** |
| PIZZA EXPRESS PESTO-MOZZARELLA | **28** |
| QUICHE COURGETTES–BOURSIN DE JOE | **18** |
| QUICHE LORRAINE COMME ON L'AIME | **17** |
| QUICHE POULET, COMTÉ ET ESTRAGON | **31** |
| QUICHE ROQUEFORT ET TOMATES CERISE | **14** |
| QUICHE SAUMON-ÉPINARDS | **40** |
| SALADE D'ORANGES À LA MAROCAINE | **101** |
| SALADE DE BLÉ AVOCAT, CREVETTES ET FENOUIL | **62** |
| SALADE DE FRUITS EXOTIQUES AU CARAMEL | **104** |
| SALADE DE FUSILLIS, THON ET FROMAGE FRAIS | **69** |
| SALADE DE GIROLLES, CÈPES ET SERRANO | **61** |
| SALADE DE PÊCHE, PASTÈQUE, MELON ET PINEAU | **102** |
| SALADE DE POTIMARRON, POIRES, TOMME DE BREBIS ET NOISETTES | **55** |
| SALADE FOLLE AUX COPEAUX DE FOIE GRAS | **72** |
| SALADE MINUTE POIRES ET DATTES | **106** |
| SALADE THAÏE AUX CHEVEUX D'ANGE ET CREVETTES | **74** |
| SALADE TIÈDE DE FRUITS ROUGES AU MIEL | **98** |
| SALADE TIÈDE DE LENTILLES, POUSSES D'ÉPINARD, CHÈVRE ET PESTO | **59** |
| SALADE TIÈDE DE POMMES ET POIRES SUPER-LIGHT | **109** |
| SALADE TOUTE VERTE | **71** |

| | |
|---|---|
| TABOULÉ SANS CUISSON | **53** |
| TARTE À LA BROUSSE ET AUX FINES HERBES | **10** |
| TARTE AU CITRON TOUTE SIMPLE DE DOM' | **86** |
| TARTE AU REBLOCHON | **37** |
| TARTE AUX ABRICOTS ET À LA CRÈME DE NOISETTE | **96** |
| TARTE AUX LÉGUMES ET FROMAGE DE BREBIS | **20** |
| TARTE AUX NOIX DE PÉCAN | **81** |
| TARTE AUX NOIX DE SAINT-JACQUES, POIREAUX ET LARDONS | **27** |
| TARTE AUX QUETSCHES, SPÉCULOOS ET CANNELLE | **88** |
| TARTE CHOCO-NOISETTE | **78** |
| TARTE FEUILLETÉE AUX CHAMPIGNONS SAUVAGES ET AUX LARDONS | **13** |
| TARTE FONDANTE AUX FIGUES | **76** |
| TARTE MERINGUÉE À LA RHUBARBE ET À LA FRAMBOISE | **85** |
| TARTE POMMES DE TERRE, GORGONZOLA ET JAMBON DE SAVOIE | **24** |
| TARTE SABLÉE AUX FRAISES | **83** |
| TARTE TATIN DE MAMIE | **91** |
| TARTE TOMATES, PARMESAN ET BALSAMIQUE | **23** |
| TARTELETTES AUX AUBERGINES, TAPENADE ET PIGNONS | **32** |
| TARTELETTES FINES AUX POIRES ET FOURME D'AMBERT DE CAMILLE | **47** |
| TARTELETTES POMMES ET FOIE GRAS | **43** |
| TARTELETTES SABLÉES AU CAFÉ SAUCE CHOCOLAT | **95** |
| TARTES FINES POMMES, POIRES ET ANIS ÉTOILÉ | **93** |

# Table des matières

**TARTES SALÉES**

| | |
|---|---|
| TARTE À LA BROUSSE ET AUX FINES HERBES | 10 |
| TARTE FEUILLETÉE AUX CHAMPIGNONS SAUVAGES ET AUX LARDONS | 13 |
| QUICHE ROQUEFORT ET TOMATES CERISE | 14 |
| QUICHE LORRAINE COMME ON L'AIME | 17 |
| QUICHE COURGETTES-BOURSIN DE JOE | 18 |
| TARTE AUX LÉGUMES ET FROMAGE DE BREBIS | 20 |
| TARTE TOMATES, PARMESAN ET BALSAMIQUE | 23 |
| TARTE POMMES DE TERRE, GORGONZOLA ET JAMBON DE SAVOIE | 24 |
| TARTE AUX NOIX DE SAINT-JACQUES, POIREAUX ET LARDONS | 27 |
| PIZZA EXPRESS PESTO-MOZZARELLA | 28 |
| QUICHE POULET, COMTÉ ET ESTRAGON | 31 |
| TARTELETTES AUX AUBERGINES, TAPENADE ET PIGNONS | 32 |
| PISSALADIÈRE | 35 |
| TARTE AU REBLOCHON | 37 |
| FLAMICHE AUX POIREAUX | 38 |
| QUICHE SAUMON-ÉPINARDS | 40 |
| TARTELETTES POMMES ET FOIE GRAS | 43 |
| PIE DE POULET AU CURRY | 44 |
| TARTELETTES FINES AUX POIRES ET FOURME D'AMBERT DE CAMILLE | 47 |

**SALADES SALÉES**

| | |
|---|---|
| CHICKEN CAESAR SALAD | 48 |
| CARPACCIO DE TOMATES, PIGNONS ET PARMESAN | 50 |
| TABOULÉ SANS CUISSON | 53 |
| SALADE DE POTIMARRON, POIRES, TOMME DE BREBIS ET NOISETTES | 55 |
| COLE SLAW DE POULET AUX NOIX DE CAJOU | 56 |
| SALADE TIÈDE DE LENTILLES, POUSSES D'ÉPINARD, CHÈVRE ET PESTO | 59 |
| SALADE DE GIROLLES, CÈPES ET SERRANO | 61 |
| SALADE DE BLÉ AVOCAT, CREVETTES ET FENOUIL | 62 |
| LÉGUMES GRILLÉS À L'ITALIENNE | 64 |
| LA SALADE QU'ON A PIQUÉE DANS UN RESTO NEW-YORKAIS | 67 |
| SALADE DE FUSILLIS, THON ET FROMAGE FRAIS | 69 |
| SALADE TOUTE VERTE | 71 |
| SALADE FOLLE AUX COPEAUX DE FOIE GRAS | 72 |
| SALADE THAÏE AUX CHEVEUX D'ANGE ET CREVETTES | 74 |

## TARTES SUCRÉES

| | |
|---|---|
| TARTE FONDANTE AUX FIGUES | **76** |
| TARTE CHOCO-NOISETTE | **78** |
| TARTE AUX NOIX DE PÉCAN | **81** |
| TARTE SABLÉE AUX FRAISES | **83** |
| TARTE MERINGUÉE À LA RHUBARBE ET À LA FRAMBOISE | **85** |
| TARTE AU CITRON TOUTE SIMPLE DE DOM' | **86** |
| TARTE AUX QUETSCHES, SPÉCULOOS ET CANNELLE | **88** |
| TARTE TATIN DE MAMIE | **91** |
| TARTES FINES POMMES, POIRES ET ANIS ÉTOILÉ | **93** |
| TARTELETTES SABLÉES AU CAFÉ SAUCE CHOCOLAT | **95** |
| TARTE AUX ABRICOTS ET À LA CRÈME DE NOISETTE | **96** |

## SALADES SUCRÉES

| | |
|---|---|
| SALADE TIÈDE DE FRUITS ROUGES AU MIEL | **98** |
| SALADE D'ORANGES À LA MAROCAINE | **101** |
| SALADE DE PÊCHE, PASTÈQUE, MELON ET PINEAU | **102** |
| SALADE DE FRUITS EXOTIQUES AU CARAMEL | **104** |
| SALADE MINUTE POIRES ET DATTES | **106** |
| SALADE TIÈDE DE POMMES ET POIRES SUPER-LIGHT | **109** |

## JE VEUX LA TECHNIQUE !

| | |
|---|---|
| COMMENT FAIRE SA PÂTE À TARTE | **112** |
| TOUT SAVOIR SUR LES TARTES | **114** |
| CONFECTIONNER DES TUILES AU PARMESAN | **115** |
| LA SALADE DE L'ACHAT À L'ASSIETTE | **116** |
| QUELQUES IDÉES DE VINAIGRETTES | **117** |

## À GARDER SOUS LE COUDE

| | |
|---|---|
| S'EN SORTIR SANS BALANCE | **118** |
| BIEN RÉGLER SON FOUR | **119** |
| LES INDISPENSABLES EN CUISINE | **119** |
| AVOIR LE BON MATÉRIEL | **121** |

## TABLE DES RECETTES

| | |
|---|---|
| | **122** |

# À garder sous le coude

## s'en sortir sans balance

→ Ce tableau vous donne les principales équivalences poids et volumes pour les ingrédients les plus courants.

| Ingrédients | 1 cuil. à café | 1 cuil. à soupe | 1 verre à moutarde |
|---|---|---|---|
| Beurre | 7 g | 20 g | – |
| Cacao en poudre | 5 g | 10 g | 90 g |
| Crème épaisse | 1,5 cl | 4 cl | 20 cl |
| Crème liquide | 0,7 cl | 2 cl | 20 cl |
| Farine | 3 g | 10 g | 100 g |
| Gruyère râpé | 4 g | 12 g | 65 g |
| Liquides divers (eau, huile, vinaigre, alcools) | 0,7 cl | 2 cl | 20 cl |
| Maïzena | 3 g | 10 g | 100 g |
| Poudre d'amandes | 6 g | 15 g | 75 g |
| Raisins secs | 8 g | 30 g | 110 g |
| Riz | 7 g | 20 g | 150 g |
| Sel | 5 g | 15 g | – |
| Semoule, couscous | 5 g | 15 g | 150 g |
| Sucre en poudre | 5 g | 15 g | 150 g |
| Sucre glace | 3 g | 10 g | 110 g |

## Mesurer vos liquides

1 verre à liqueur = 3 cl
1 tasse à café = 8 à 10 cl
1 verre à moutarde = 20 cl
1 bol = 35 cl

## Pour info

1 œuf = 50 g
1 noisette de beurre = 5 g
1 noix de beurre = 15 à 20 g

# bien régler son four

→ Pas facile de connaître la température dans un four ! Voici une table très simple à utiliser et valable pour la plupart des appareils vendus dans le commerce.

| Température (°C) | 30 | 60 | 90 | 120 | 150 | 180 | 210 | 240 | 270 |
|---|---|---|---|---|---|---|---|---|---|
| Thermostat | 1 | 2 | 3 | 4 | 5 | 6 | 7 | 8 | 9 |

→ Les temps de cuisson donnés dans les recettes peuvent varier légèrement selon les types d'appareils. En effet, dans un four à chaleur tournante, les plats cuisent de manière plus homogène et plus vite que dans les fours qui chauffent à partir d'une source (four à gaz, four électrique).

Rappelez-vous aussi que pour réaliser une bonne cuisson, un préchauffage est toujours nécessaire.

# les indispensables en cuisine

→ Pour cuisiner entre potes ou pour des potes sans souci, il faut avoir sous la main quelques produits tout simples, faciles à trouver.
Voici une petite liste de « basiques », grâce auxquels vous pourrez faire la grande majorité des recettes de cette collection.

## Dans le placard

### Épices
- Cannelle
- Coriandre
- Cumin
- Curry
- Gingembre
- Herbes de Provence
- Mélange aux 4 épices
- Noix de muscade
- Paprika
- Poivre du moulin et concassé
- Thym
- Vanille en gousse

### Liquides
- Huiles de tournesol, d'olive, de sésame et de noix
- Rhum (pour la pâtisserie)
- Vinaigres de vin, blanc, balsamique et de Xérès
- Vin rouge et blanc sec

# Remerciements

Mille mercis à Laurence et Stéphan, les deux autres piliers de la popote des potes, Brigitte une éditrice hors pair, Raphaële, Mélanie, Johanna et Camille, le quatuor de choc d'Hachette.
Mais aussi Malo et Laetie, Adrien et Christophe, Sophie pour ses précieux conseils en orthographe, Léon pour ses tests, tous nos copains pour avoir joué les cobayes, nos sœurettes et évidemment nos parents qui ont su faire de nous de bonnes vivantes.
Sans oublier Flocon et Routoutou, toujours partants pour finir les restes !

*Aude et Leslie*

Toutes les photos de reportage de Philippe Vaurès-Santamaria ont été réalisées à L'atelier des Chefs.

Direction, Stephen Bateman et Pierre-Jean Furet
Responsable éditoriale, Brigitte Éveno
Conception graphique, Dune Lunel
Réalisation, Les PAOistes
Coordination et suivi éditorial, Raphaële Huard
Fabrication, Claire Leleu
Partenariats, Sophie Augereau (01 43 92 36 82)

L'éditeur remercie Mélanie Le Neillon pour son aide précieuse et ses relectures attentives.

© 2005, HACHETTE LIVRE (Hachette Pratique)

Imprimé en Espagne par Graficas Estella - dépôt légal : octobre 2005
23.01.5804.02.2 • 2012358047

## Découvrez L'atelier des Chefs, la nouvelle génération de cours de cuisine accessibles à tous

Du lundi au samedi avec des cours d'1/2 heure à 2 heures, initiez-vous à la cuisine dans une ambiance conviviale et dégustez sur place ce que vous avez préparé.

À L'atelier des Chefs, vous trouverez également tout ce qui peut vous servir pour faire la cuisine : ustensiles, livres, épicerie fine...

Renseignements et réservations sur www.atelierdeschefs.com

L'atelier des Chefs
10, rue de Penthièvre, 75008 Paris, tél. 01 53 30 05 82